O PORTUGUÊS NAS ESCOLAS
ENSAIOS SOBRE A LÍNGUA E A LITERATURA NO ENSINO SECUNDÁRIO

MARIA DE LOURDES DIONÍSIO
RUI VIEIRA DE CASTRO
Organizadores

O PORTUGUÊS NAS ESCOLAS

ENSAIOS SOBRE A LÍNGUA E A LITERATURA NO ENSINO SECUNDÁRIO

ALMEDINA
1955-2005

O PORTUGUÊS NAS ESCOLAS
ENSAIOS SOBRE A LÍNGUA E A LITERATURA
NO ENSINO SECUNDÁRIO

ORGANIZADORES
MARIA DE LOURDES DIONÍSIO
RUI VIEIRA DE CASTRO

EDITOR
EDIÇÕES ALMEDINA, SA
Rua da Estrela, n.º 6
3000-161 Coimbra
Tel.: 239 851 904
Fax: 239 851 901
www.almedina.net
editora@almedina.net

EXECUÇÃO GRÁFICA
G.C. – GRÁFICA DE COIMBRA, LDA.
Palheira – Assafarge
3001-453 Coimbra
producao@graficadecoimbra.pt

Setembro, 2005

DEPÓSITO LEGAL
231543/05

Toda a reprodução desta obra, por fotocópia ou outro qualquer processo,
sem prévia autorização escrita do Editor,
é ilícita e passível de procedimento judicial contra o infractor.

ÍNDICE

Apresentação 7

LOUISE POULSON
As políticas educativas e curriculares e o ensino do Inglês na Grã--Bretanha (1989-2004) 13

RUI VIEIRA DE CASTRO
O Português no Ensino Secundário: Processos contemporâneos de (re)configuração 31

ANTÓNIO BRANCO
O novo lugar da literatura no Ensino Secundário: Dos argumentos centrífugos a uma legitimação centrípeta 79

JOSÉ AUGUSTO BERNARDES
A literatura no Ensino Secundário: Excessos, expiações e caminhos novos 93

LUÍSA ÁLVARES PEREIRA
Se a literatura nos ensina, como poderemos (não) ensiná-la? 133

ANA CRISTINA MACÁRIO LOPES
O "conhecimento sobre a língua": Algumas reflexões 147

M.ª LOURDES DIONÍSIO, LUZIA BASTOS, ANA PAULA PASSOS E JORGE PIMENTA
A construção escolar da disciplina de Português: Recriação e resistência 159

APRESENTAÇÃO

Em Portugal, desde meados da última década do século XX, assistimos a mudanças acentuadas no currículo do Ensino Secundário com expressão particularmente significativa na área do Português, não sendo arriscado afirmar que esta área está a atravessar um processo de transformação único na sua história. Entre outros aspectos, tal transformação envolveu a criação da disciplina de Língua Portuguesa (posteriormente redesignada Português), obrigatória para os alunos de todos os cursos "científico-humanísticos" e "tecnológicos" do Ensino Secundário, a criação de disciplinas opcionais de Literatura Portuguesa e de Literaturas de Língua Portuguesa no "Curso de Línguas e Literaturas" e, ainda, a criação da disciplina de Clássicos da Literatura no âmbito dos cursos de "Ciências e Tecnologias" e de "Artes Visuais".

As mudanças no currículo oficial e as formas como elas foram sendo pedagogicamente interpretadas geraram, entre nós, em diversos momentos, vivo debate. Assim, o conteúdo do programa da disciplina de Português, a natureza da disciplina de Literatura Portuguesa, os conteúdos dos manuais escolares estiveram no centro de controvérsias que ganharam, em termos públicos, uma grande evidência, envolvendo diversos sectores da sociedade portuguesa. Estas polémicas vieram, uma vez mais, revelar a enorme sensibilidade educacional, cultural e política das questões relativas ao ensino da língua portuguesa. A "questão da literatura", por exemplo, suscitada pela criação da disciplina de Língua Portuguesa e pelo lugar, nela, da literatura, pôs em confronto, por vezes radical, diferentes sistemas de valores relativos aos objectivos, competências, conteúdos e materiais adequados ao ensino do Português e até, mais genericamente, relativos ao próprio projecto da Escola.

Tais polémicas revestiram, porém, algumas características peculiares. Por um lado, se tiveram acentuada visibilidade, amplificada pelos *media* como foram, não deixaram de ser protagonizadas por grupos muito específicos (professores universitários, articulistas, políticos, etc.) e, portanto, circunscritas apenas a determinados pontos de vista. Depois, como aliás tantas vezes acontece entre nós, a discussão foi muito particularizada (e às vezes personalizada), faltando, com excessiva frequência, uma visão de conjunto sobre as questões em análise e um olhar mais ponderado sobre aquilo que estava em jogo – um olhar capaz de dar expressão a perspectivas mais analíticas que panfletárias e que pudesse contribuir, de facto, para alterar um estado de coisas generalizadamente reconhecido como insatisfatório.

O livro que o leitor ou a leitora tem agora em mãos toma como objecto a situação de transformação curricular e pedagógica que acima se referiu e pretende constituir-se como lugar de reflexão sobre ela, descrevendo-a, através da clarificação dos seus principais aspectos, e explicando-a, evidenciando a natureza dos princípios em jogo. Nesse sentido, poder-se-á dizer que ele pretende contribuir para uma reflexão global sobre os processos sócio-políticos e escolares de construção do cidadão "letrado". Por outro lado, esta publicação visa contribuir para alargar e aprofundar o conhecimento público das questões nela tratadas. De facto, do nosso ponto de vista, tais questões são demasiado importantes, têm demasiadas implicações para o futuro dos nossos jovens e da nossa sociedade, para que possam ser deixadas apenas seja nas mãos dos decisores políticos, seja na pena daqueles que têm um acesso privilegiado à comunicação social e que, muitas vezes, a utilizam com o objectivo de promover pontos de vista e interesses sectoriais.

São diferentes os olhares, as temáticas e os lugares acolhidos nos diversos textos que compõem este livro. É nossa convicção profunda que aquilo que se passa no nosso país não pode ser desenquadrado do que se vai passando noutros espaços que connosco partilham coordenadas económicas, culturais e políticas. Aqui radica a colaboração de Louise Poulson cujo texto reflecte sobre as mudanças no currículo do Inglês em Inglaterra ao longo dos anos oitenta e noventa. A dimensão dessas mudanças suscitou longos e apaixonados debates que envolveram políticos, professores, associações profissionais e académicos, numa interacção que acabou por gerar um significativo número de trabalhos, os quais, no seu conjunto, dão expressão a olhares muito elaborados e sofisticados sobre a questão das línguas no currículo.

O texto de Rui Vieira de Castro procura descrever e interpretar o processo de reestruturação do currículo do Português iniciado, entre nós, nos anos noventa. Fá-lo relevando as coordenadas em que aquela reestruturação ocorreu, a qual, argumenta-se, é relacionável com alterações no próprio mandato da escola secundária. Esta conexão entre os princípios subordinantes do projecto do Ensino Secundário e o ensino do Português é explorada através da análise integrada dos programas escolares oficiais e dos manuais escolares, assinalando-se a natureza complexa e, por vezes, contraditória das relações envolvidas.

Como antes dissemos, a "questão da literatura" ganhou particular visibilidade em todo o processo de transformação curricular da área do Português. Neste livro, esta problemática é central em três textos. O artigo de António Branco, partindo do contraste entre as soluções adoptadas no quadro desta "revisão curricular" com as imediatamente anteriores, evidencia aquilo que são os princípios fundamentais da constituição do cânone escolar. Numa perspectiva programática, é precisamente para os princípios subjacentes à constituição deste cânone que a sua argumentação posteriormente se desloca, questionando-se os efeitos de uma sua vinculação exclusivamente nacional e de uma sua definição com base em critérios histórico-literários pretensamente indisputáveis.

Também no texto de José Augusto Bernardes, a literatura na escola surge como objecto primordial. Aqui, o autor parte de uma incursão histórica sobre a fortuna e os infortúnios da literatura no currículo do Ensino Secundário para, depois, se centrar na análise de alguns aspectos dos novos modos de existência da literatura no quadro que as transformações curriculares recentes geraram. Mobilizando num sentido mais programático as coordenadas analíticas que adopta, o autor propõe, a fechar o seu texto, cinco princípios orientadores das práticas de ensino da leitura de literatura.

Finalmente, o texto de Luísa Álvares Pereira revela-se sensível a um olhar simultaneamente analítico e programático no que à leitura escolar da literatura diz respeito. Discutindo as razões do ensino da literatura e tendo em conta a natureza das finalidades de que a escola secundária se encontra hoje investida, a autora propõe alguns princípios de intervenção pedagógica e modos para a sua operacionalização, articulando modalidades de leitura e de escrita.

O artigo de Ana Cristina Macário Lopes elege como tema o domínio do "conhecimento sobre a língua", objecto de significativa reconceptualização no quadro dos novos programas de Português, a que não é alheia a proposta recente de uma Terminologia Linguística para os ensinos básico e secundário. A autora analisa criticamente a configuração que aquele domínio reveste no programa escolar de Português, identificando imprecisões e incorrecções várias, e, numa aproximação às práticas pedagógicas, caracteriza também as formas que a concretização daquele domínio conhece em manuais escolares do Ensino Secundário, também elas marcadas por ambiguidades diversas.

Frequentemente, e tal aconteceu muitas vezes nas polémicas antes referidas, tende-se a olhar para aquilo que está expresso no currículo oficial como tendo capacidade de determinar de forma muito estrita as práticas pedagógicas, prevendo-se, portanto, uma homologia entre currículo prescrito e currículo praticado, esquecendo-se as sucessivas operações de transformação, de supressão e de aditamento a que aquele pode ser sujeito. O texto de Maria de Lourdes Dionísio, Luzia Bastos, A. Paula Passos e Jorge Pimenta procura, precisamente, explorar os lugares de tensão entre aqueles dois planos, ao focalizar os professores como instância decisiva na produção do currículo. A partir da caracterização da natureza e orientação do processo escolar de apropriação do novo Programa de Português, os autores concluem sobre uma efectiva autonomia dos professores na sua "gestão", embora ela seja exercida nos limites estabelecidos pela "cultura escolar", constatação que obriga a colocar numa perspectiva nem apenas "oficial" nem só "pessoal" as condições de renovação e mudança.

Alguns dos textos que aqui se apresentam materializam linhas de trabalho que têm vindo a ser exploradas no quadro de projectos de investigação orientados por objectivos relacionados com a análise dos discursos pedagógico e público contemporâneos sobre a literacia e as modalidades escolares para o seu desenvolvimento e com a identificação dos papéis e funções da literatura na escola, num contexto social em que a literacia tem sido entendida de uma forma restrita. Concretamente, os capítulos da responsabilidade de Rui Vieira de Castro, António Branco, José Augusto Bernardes e do grupo coordenado por Maria de Lourdes Dionísio acolhem resultados do trabalho realizado no âmbito do projecto de investigação *Literacias. Contextos. Práticas. Discursos*, apoiado entre 2000 e 2004 pela Fundação para a Ciência e para a Tecnologia.

Este livro enquadra-se, pois, no desenvolvimento de pesquisas cujo objectivo central é a produção de estudos que analisem os significados pedagógicos, culturais e sociais das diferentes formas de entender e praticar contemporaneamente o ensino do Português, através do exame dos sistemas de valores que participam na sua (re)configuração. O que se espera é que ele possa constituir um contributo, naturalmente polifónico, para a compreensão quer dos princípios e opções dos novos programas quer das formas de apropriação, nos manuais e nas aulas, das novas orientações curriculares. Nesta medida, é nossa expectativa que ele também possa sedimentar conhecimentos capazes de sustentar práticas de formação inicial e contínua de professores, sendo nossa convicção que tais práticas só fazem sentido se ancoradas na compreensão fundamentada do que é e do que pode ser ensinar e aprender Português, hoje, no Ensino Secundário.

Maria de Lourdes Dionísio
Rui Vieira de Castro

AS POLÍTICAS EDUCATIVAS E CURRICULARES E O ENSINO DO INGLÊS NA GRÃ-BRETANHA (1989-2004)

LOUISE POULSON
Universidade de Bath, Inglaterra

Em muitos lugares do mundo, a educação tem-se tornado progressivamente centro de atenção política. Em diversos contextos nacionais, este fenómeno levou ao desenvolvimento de reformas que visavam melhorar os resultados da educação. O meu objectivo, neste capítulo, é examinar as políticas e as reformas desenvolvidas na Grã-Bretanha, nos últimos quinze anos (de 1989 a 2004), relacionadas com o Inglês como disciplina curricular e com o ensino da língua e da literacia nas escolas básicas e secundárias. Considerarei, igualmente, algumas questões-chave desse período, os diferentes momentos da reforma e o modo como as mudanças na cena política afectaram o ensino e a aprendizagem do Inglês.

Em muitos aspectos, há semelhanças entre as questões dominantes na Grã-Bretanha durante os últimos anos da década de 1980 e o princípio dos anos 90 e os debates em curso, em Portugal, sobre o papel e a natureza da língua e da literatura no currículo. Por isso, o capítulo focará principalmente as mudanças de política e as reformas que afectam o currículo inglês durante aquele período, embora também discuta as implicações das reformas relativas ao currículo e à pedagogia que ocorreram a partir de 1997.

Nos quinze anos que vão de 1989 até 2004, a Grã-Bretanha conheceu um período de profundas reformas na educação em geral e nas áreas do Inglês e da literacia em particular. Durante este período, teve lugar uma viragem de um sistema curricular e de tomadas de decisão pedagógicas localmente determinadas para um outro muito mais fortemente controlado a partir do centro. Esta viragem de uma regulação local para uma regulação central do currículo – e mais recentemente da pedagogia – pode ser contrastada com desenvolvimentos noutras nações da Europa que têm tendido a orientar-se num sentido oposto: em França, por exemplo, as reformas foram dirigidas no sentido de um maior grau de autonomia local, caracterizando-se por um movimento de afastamento do controlo central do Estado. Na Grã-Bretanha, um controlo mais apertado a partir do centro trouxe consigo, para os professores e para as escolas, mecanismos de prestação externa de contas muito mais alargados (e, muitos acrescentariam, também mais intrusivos). Trouxe também uma forte ênfase na avaliação e nos resultados da educação. Uma crescente mercadorização da educação, com a intenção explícita de criar maiores possibilidades de escolha por parte dos pais, levou também à publicação de *rankings* dos resultados das escolas nos exames nacionais. No entanto, conquanto tenha sido este o padrão geral orientador das reformas, os desenvolvimentos nestes últimos quinze anos nem sempre foram inteiramente consistentes, tanto ao nível político como educativo, tendo-se verificado diferentes enfoques em função das agendas políticas e sociais dominantes em cada momento. Também uma mudança de governo trouxe, a este nível, alterações importantes, embora se tenha mantido um significativo grau de continuidade com as orientações políticas prévias.

Duas fases distintas podem ser identificadas dentro deste período, delimitadas pelas mudanças de orientação política. A primeira fase ocorre entre 1989 e 1997, quando dois governos conservadores sucessivos, liderados por Margaret Thatcher e John Major, levaram a cabo um extenso programa de reformas na educação. Este programa incluiu a introdução de um currículo e de um sistema de avaliação nacionais, sendo o Inglês uma das três disciplinas nucleares, a introdução de quase-mercados na educação, sustentados pela noção de escolha parental das escolas, a publicação de *rankings* comparando o desempenho das escolas e um intensivo, e muitas vezes punitivo, sistema de inspecções das escolas. A segunda fase, de 1997 em diante, reflectiu as prioridades políticas do governo Neo-Trabalhista de Tony Blair. Como afirmado atrás, há um conjunto de semelhanças entre estas duas fases, ainda que também haja significativas diferenças. Na próxima rubrica, discutirei as preocupações do primeiro período de reforma que incidiram em grande medida no conteúdo da disciplina de Inglês e no equilíbrio relativo entre língua e literatura. Subjacentes a estas preocupações sobre o currículo, estavam também questões sobre a finalidade geral do Inglês dentro do currículo escolar.

Conservadorismo cultural, neo-liberalismo e currículo nacional

Em meados e finais dos anos 80, o governo conservador dirigido por Margaret Thatcher estava determinado a actuar ao nível do que considerava serem os problemas relevantes da educação. Acreditava que tais problemas poderiam ser melhor resolvidos expurgando as escolas de ideias e práticas progressistas, percebidas como dominantes no sistema educativo pelos políticos conservadores e seus consultores, e com um retorno a formas de ensino e de aprendizagem mais tradicionais e controladas por uma avaliação formal. A ideologia dominante subjacente à introdução de um currículo nacional obrigatório era a do conservadorismo cultural, caracterizado pelo desejo de restaurar a tradição e práticas a ela associadas, pela defesa de relações autoritárias entre alunos e professores, pela concepção do ensino e da aprendizagem como transmissão – de um perito para um aprendiz – de um corpo de conhecimentos fixo e relativamente imutável.

Contudo, o conservadorismo cultural não era a única posição ideológica assumida pelo poder, coexistindo com uma ideologia de mercado livre, economicamente neo-liberal, que também tinha impacto nas políticas sociais, entre elas na educação. A assunção básica subjacente a esta ideologia neo-liberal, de mercado livre, era que a sociedade seria mais próspera e bem sucedida se a intervenção do Estado fosse minimizada sempre que possível. Os seus princípios foram aplicados inicialmente às políticas económicas, com a privatização de serviços e indústrias chave, antes sob controlo estatal, e depois às políticas sociais de habitação, saúde e educação. Em vários serviços públicos, o governo tentou introduzir lógicas de mercado desenhadas para introduzir a competição, na crença de que tal aumentaria a eficiência e trabalharia no interesse dos "consumidores" dos serviços públicos, mais do que no dos "produtores". De facto, os "produtores" dos serviços eram tidos como parte do problema, na medida em que eram vistos como trabalhando para os seus próprios interesses, mais do que em função dos interesses das pessoas a quem serviam. A ideia do serviço como um bem para ser comprado e vendido no quadro de quase--mercados era um elemento chave na mudança das percepções das pessoas sobre o Estado e o mercado. As políticas neo-liberais foram introduzidas na educação através da devolução do controlo financeiro às escolas (sem a intervenção das autoridades locais ou distritais), da introdução da competição entre as escolas na procura de alunos e da possibilidade de escolha, pelos pais, enquanto consumidores de educação.

As ideologias culturalmente conservadoras e neo-liberais, embora muitas vezes assumidas pelas mesmas pessoas, nem sempre eram facilmente compatíveis no que diz respeito à reforma da educação. Dois princípios centrais da filosofia económica neo-liberal, do mercado livre, eram, primeiro, a redução do envolvimento e da intervenção do Estado nas esferas económica e social e, segundo, a redução do controlo do Estado a fim de encorajar o empreendedorismo. Uma abordagem neo-liberal ao currículo nacional considerá-lo-ia como uma base mínima para as escolas, desenhada para fornecer informação aos consumidores a fim de fazerem escolhas nos mercados da educação. Já uma perspectiva culturalmente conservadora requereria um alto grau de intervenção do Estado e o controlo central da educação. Assim, na tomada de decisão acerca da natureza exacta do currículo nacional para o Inglês, tal como para outras disciplinas, não houve, por parte das políticas de direita, uniformidade de crenças ou sequer consenso sobre a sua finalidade ou sobre a forma que deveria ter. Tão pouco houve consenso sobre o conteúdo de cada disciplina do currículo. Contudo, os conservadores culturais e os neo-liberais estavam unidos por uma forte ideologia anti-progressista que prevalecia no interior do governo e nos círculos políticos.

A tarefa de decidir a estrutura exacta e o conteúdo das disciplinas dentro do currículo nacional foi atribuída a uma série de comités e grupos de trabalho, nomeados para aconselhamento dos ministros. Os membros desses comités foram criteriosamente escolhidos para representar o que era genericamente uma concepção anti-progressista e tradicional do ensino da língua, da literatura, enfim, do Inglês. Relativamente ao Inglês, houve dois comités-chave: um criado em 1987 para avaliar o seu ensino nas escolas (o Comité Kingman) e outro, de 1988, para recomendar a estrutura e conteúdo gerais do currículo (o Comité Cox). Nenhum destes comités incluía representantes da Associação Nacional de Professores de Inglês (NATE) ou académicos considerados progressistas. Em grande parte devido à manipulação política que se verificou e à ausência de representação da maioria dos professores, nenhum dos comités, nem os seus possíveis resultados, foram de início olhados favoravelmente. Duas questões foram objecto de particular preocupação: a primeira teve a ver com o *conteúdo* adequado do currículo do Inglês, ao nível do equilíbrio entre a língua e a literatura e, bem assim, do conteúdo de ambos os domínios; a segunda dizia respeito à *finalidade* do Inglês nas escolas. De diferentes modos, estes tópicos dominaram as discussões e deliberações de ambos os comités. Discutirei, primeiro, as questões relacionadas com o conteúdo da disciplina que emergiram durante este período; tratarei, depois, das questões ligadas às finalidades do Inglês enquanto disciplina do currículo escolar.

O ensino da língua, no quadro da disciplina de Inglês, sempre foi um dos mais controversos assuntos no âmbito do currículo, algo que muitas vezes surpreende as pessoas que não são profissionais da educação. Embora o Comité Kingman tenha sido constituído para discutir e resolver algumas destas controvérsias, foi presidido por um matemático, incluía mesmo vários linguistas, mas poucos professores de Inglês. Em consequência, entre os profissionais do ensino da língua receava-se que o modelo de ensino de Inglês a ser recomendado às escolas assentasse preferencialmente sobre as formas e as estruturas da língua (particularmente ao nível da gramática da frase) em detrimento do uso da linguagem em contexto e da consciência linguística (*language awareness*). Havia, igualmente, preocupações quanto à possibilidade de o modelo recomendado enfatizar o ensino do inglês padrão, inclusivamente na dimensão oral, a expensas do reconhecimento da diversidade linguística. Estes receios tinham alguma razão de ser dada a existência de um clima no qual os políticos e os *media* se queixavam da descida de qualidade do uso da língua escrita e oral, ao mesmo tempo que apelavam a um retorno a métodos mais formais de ensino da gramática na educação básica e secundária.

O equilíbrio entre a literatura e a língua na disciplina de Inglês e, particularmente, o lugar do estudo da língua foi tido como problema não apenas por políticos do Partido Conservador, que desejavam um retorno a pedagogias mais autoritárias, mas também por muitos linguistas que sentiam que o estudo da língua não estava suficientemente representado no currículo. Conquanto poucas destas pessoas defendessem um ensino da língua assente na transmissão prescritiva de regras de gramática, a distinção entre o seu desejo de ver um ensino da língua mais sistemático e baseado em princípios e a agenda dos Conservadores acabou por ficar esbatida nos debates públicos, particularmente nos jornais e na televisão. Na altura, sugeriu-se que os *media* estavam a minimizar deliberadamente distinções críticas entre os argumentos produzidos, reduzindo as questões a uma luta entre os professores tradicionalistas e progressistas. Infelizmente, os argumentos mais complexos sobre a língua no currículo do Inglês produzidos por muitos linguistas foram largamente ignorados.

A natureza e papel da língua no currículo

As controvérsias em Inglaterra à volta do lugar da língua no currículo podem mais facilmente ser compreendidas através do exame das questões subjacentes que influenciaram tanto as discussões sobre o currículo nacional nos anos 80, como algumas outras anteriores. Já em 1920, um outro comité (o Comité Newbolt), que analisou as formas como o Inglês poderia ser usado para promover a unidade britânica depois da guerra de 1914--1918, reconhecia diferentes modos de pensar sobre a língua e o seu ensino. Reconhecia, também, que estas diferenças tinham implicações conflituais para a prática pedagógica. Uma das abordagens perspectivava a finalidade do ensino do Inglês como *prescrição* e reforço de regras para o uso correcto da língua, enquanto que uma orientação contrastante considerava que o ensino da língua visaria antes a *descrição* da língua tal como era usada em situações reais. O relatório produzido pelo Comité Newbolt (Board of Education, 1921) concluía que não havia um consenso claro entre académicos, professores e público em geral acerca dos objectivos do ensino do Inglês. A sua recomendação era que embora fosse importante para os alunos aprenderem *acerca* da língua inglesa, esta deveria ser estudada em relação com as suas funções, mais do que como um conjunto de regras formais que informavam o uso correcto do inglês. Para a altura, esta era uma forma surpreendentemente moderna de pensar o ensino da língua; contudo, apesar destas recomendações, a ideia segundo a qual o ensino da língua se deve centrar no ensino prescritivo das estruturas gramaticais continuou a ser muito poderosa.

Dois linguistas ingleses, James e Lesley Milroy (Milroy & Milroy, 1985) identificaram na Inglaterra aquilo a que chamaram uma longa "tradição de lamentação" relativamente ao inglês padrão e à gramática. Esta tradição, que perdura desde os fins do século XVII e princípios do século XVIII, quando o inglês como língua vernácula foi codificado e foram compilados dicionários, é caracterizada pela denúncia do declínio do inglês e da degradação dos modos como é usado. Os mesmos autores argumentam que, a par da gradual estandardização do inglês, se foi desenvolvendo uma *ideologia* do inglês padrão que encorajou a prescrição no uso da língua, baseada na assunção de que há um modo correcto de usar as palavras e as estruturas gramaticais. Dentro das perspectivas prescritivas da língua, o inglês padrão é geralmente tido como inerentemente superior a outros dialectos. Devemos reter, contudo, que a promoção de um dialecto ou língua relativamente a outros se relaciona, muitas vezes, com a promoção da uniformidade social e política e que os movimentos para a padronização de uma língua estão frequentemente relacionados com momentos críticos na fundação e desenvolvimento dos estados nação ou com ambições coloniais, como era o caso do inglês nos séculos dezoito e dezanove. Com efeito, pode dizer-se que a língua se torna um foco de preocupação em tempos de incerteza política ou de mudanças sociais (Crowley, 1989).

No entanto, James e Lesley Milroy identificaram um outro aspecto crucial: que a discussão pública sobre o lugar do inglês padrão no currículo escolar foi sempre fracamente informada e, genericamente, não distinguiu entre as noções saussurianas de língua como sistema e língua em uso, nem considerou as relações evolutivas entre elas. Argumentam também aqueles autores que frequentemente se confundiu o inglês padrão escrito e oral e que se ignoraram as diferenças linguísticas entre língua oral e escrita; considere-se, a propósito, a ideia popular, mas errónea, de que ao usar o inglês padrão as pessoas falam por frases, ideia que foi promovida em algumas publicações de direita nos anos 80 que influenciaram as discussões sobre o lugar da língua no currículo (Marenbon, 1987; Honey, 1983). Contudo, como foi dito atrás, questão-chave foi sendo a apresentação de uma alternativa consistente a estas abordagens prescritivas no ensino do Inglês. Alguns anos antes, um outro linguista inglês, John Firth, identificou como problema central o conhecimento de base e a filiação académica dos professores de Inglês que tendia a ser de natureza mais literária do que linguística (Firth, 1964). Desde que Firth fez esta observação, o conteúdo das licenciaturas em Inglês foi-se orientando ainda mais para o estudo dos textos e para a teoria e a crítica literárias. O conteúdo do currículo em algumas das mais tradicionais universidades inglesas, embora inclua tópicos dos estudos linguísticos, tende a assentar no estudo de textos em formas arcaicas do inglês (anglo-saxão, por exemplo), na linguística histórica e na filologia. Nos finais do século vinte, nas universidades inglesas, poucos cursos de Inglês oferecem um estudo sistemático da estrutura e funcionamento da língua, geralmente entendido como campo específico da Linguística. É provavelmente verdade que muitos professores de Inglês nas escolas secundárias inglesas têm pouco conhecimento, ou interesse, na estrutura e uso do inglês para além do que aprenderam enquanto alunos. Investigação conduzida nos departamentos de Inglês das escolas secundárias no princípio dos anos 90 mostrou que muitos professores não viam o estudo da língua como uma parte central do currículo do Inglês; muitos, até, identificaram-no como uma área pouco praticada nos seus departamentos (Poulson, Radnor & Turner-Bissett, 1996). Os professores inquiridos concebiam a orientação do Inglês como prioritariamente literária, com uma forte ênfase na análise de textos. A inclusão do estudo da língua no currículo nacional era um factor de preocupação para muitos destes professores, que o associavam a um ensino da gramática formal antiquado e retrógrado. Dados estes factores, não surpreende que os debates sobre o lugar da língua no currículo nacional se polarizassem radicalmente e, às vezes mesmo, se azedassem. Este debate não era simplesmente o resultado do fosso entre profissionais e discursos não profissionais, por exemplo, entre professores e políticos; traduzia também um dissídio entre discursos profissionais – como o dos professores de Inglês das escolas secundárias e o dos linguistas (Poulson *et al.*, 1996).

Em síntese, foram três os temas-chave a informar os debates sobre o papel da língua no currículo inglês em finais dos anos oitenta e princípios dos anos noventa. Um era o objectivo culturalmente conservador de recuperação das formas tradicionais e prescritivas do ensino da gramática que, por sua vez, andava associado a uma pedagogia autoritária e à tentativa de restabelecimento do respeito pelos valores conservadores e pela tradição. O segundo era o receio, de muitos professores de Inglês, de serem forçados a ensinar língua e, particularmente, gramática e inglês padrão oral, por processos antagónicos às metodologias que perfilhavam; um aumento da importância do papel da língua desafiaria também a identidade da sua disciplina e os seus saberes especializados. O terceiro ponto era veiculado, em grande parte, por linguistas profissionais que defendiam uma maior ênfase no estudo da língua tanto no nível básico como no secundário, embora considerassem igualmente que isto não deveria significar um retorno ao ensino antiquado da gramática, defendendo, antes, uma abordagem ao ensino da língua mais moderna e de perspectiva linguístico-descritiva. Em muitos aspectos, estes mesmos pontos parecem também atravessar os actuais debates sobre o papel do estudo da língua no currículo português, tal como é discutido por outros autores neste volume.

A escolha dos textos de literatura: debates sobre o cânone da literatura inglesa

Um outro aspecto do conteúdo da disciplina de Inglês fortemente discutido durante este período dizia respeito ao tipo e leque de textos literários que deveriam estar representados no currículo. Como sublinhado atrás, ideologias culturalmente conservadoras e antiprogressistas dominavam a paisagem política. Um certo número de *think-tanks*, isto é, de grupos de opinião que aconselhavam e pressionavam políticos, globalmente portadores de perspectivas de direita sobre as políticas de educação e, genericamente, sobre as políticas sociais, era particularmente influente. Membros destes grupos estavam fortemente representados em comités--chave encarregados de decidir a natureza do currículo. Uma ideia subjacente era a de que a literatura do passado era melhor e mais digna de estudo do que textos mais modernos. A posição culturalmente conservadora era a de que estes textos deveriam desafiar os estudantes (isto é, ser difíceis) e deveriam representar um cânone restrito da literatura reconhecida. Em muitos aspectos, este era um argumento que tinha sido, em larga medida, abandonado nas universidades, onde o estudo da literatura tinha já abraçado os debates teóricos contemporâneos sobre o tipo de textos que deveria ser estudado e sobre os meios para o fazer. Teorias feministas, pós-modernas, pós-coloniais e de género contribuíram para e influenciaram estas novas abordagens. Apesar de tudo, os conselheiros culturalmente conservadores não viam isto como um desenvolvimento positivo. Queriam um retorno a uma sociedade menos diversificada, onde a hierarquia, autoridade e tradição prevalecessem. As suas ideias sobre o tipo de literatura que valia a pena estudar reflectiam estas preocupações, representando também a nostalgia por uma Idade de Ouro imaginada, situada algures no passado. Um conjunto restrito de textos canónicos – muitas vezes chamado "o cânone" da literatura inglesa – era o que estes conservadores queriam ver no currículo nacional, existindo uma forte ênfase na literatura anterior ao século vinte, incluindo Chaucer, Shakespeare, Milton, Wordsworth e Tennyson, entre outros. Um argumento central era que estes textos representavam parte da herança cultural britânica, ou melhor, *inglesa*, com a qual todos os estudantes deveriam estar familiarizados. Subjacentes a tais argumentos sobre as escolhas dos textos literários havia outros, mais implícitos, relacionados com o que era tido como a finalidade primeira da disciplina de Inglês, bem assim como ideias sobre a natureza do conhecimento e como ele deve ser reproduzido e transmitido pelo sistema educativo. Central à posição culturalmente conservadora era a crença de que o conhecimento é fixo e imutável e que o papel da educação e dos professores é transmiti-lo à geração seguinte. Nesta perspectiva, a pedagogia era, em grande medida, concebida como visando garantir a assimilação e a reprodução pelos estudantes daquele corpo de conhecimentos. O conhecimento base que constituía a literatura no quadro da disciplina de Inglês era visto como relativamente estático e representava aquilo que o poeta e educador britânico do século dezanove Matthew Arnold (e.g., Arnold, 1869) descrevera como o melhor que tinha sido pensado e escrito em inglês. Esta era a posição com a qual muitos professores de Inglês nos princípios de 1990 se podiam identificar, embora uma grande maioria a considerasse redutora e dogmática. Claramente, esta posição era bastante problemática para aqueles que ensinavam Inglês em escolas caracterizadas pela diversidade académica, social, cultural e linguística dos seus alunos, sobretudo para os professores das escolas urbanas, como as de Londres. Em muitas delas, a população estudantil é extremamente diversificada – tal como em qualquer metrópole – com um vasto leque de línguas faladas, aparecendo o Inglês como língua segunda ou suplementar. Neste quadro, acima de tudo, uma "dieta" exclusiva de textos representando a alta cultura inglesa não era vista como relevante e de grande ajuda. A avaliação obrigatória e os testes que assentavam em tais textos eram, aos olhos dos professores de Inglês, vistos como socialmente excludentes e propiciadores de mais desigualdades na educação.

É importante fazer notar que mesmo os professores de Inglês que se opunham a uma selecção de textos mais estreita e rígida não se opunham *per se* ao ensino de clássicos como Shakespeare. De facto, muitos estavam vivamente empenhados no ensino dos clássicos da literatura e em torná--los acessíveis a estudantes fossem quais fossem as suas capacidades. Investigação feita na altura (Poulson, 1998; Radnor, Pulson & Turner--Bissett, 1995) mostrou que embora houvesse uma forte ênfase na literatura, incluindo autores anteriores ao século vinte, como Shakespeare, as abordagens pedagógicas de tais textos eram diversificadas, tendendo a privilegiar uma abordagem ao conhecimento e à aprendizagem mais centrada no aluno do que as propostas pelos conselheiros políticos culturalmente conservadores. Acima de tudo, os professores valorizavam o modo como a linguagem é usada para produzir sentido, como os textos funcionam, como os autores criam efeitos específicos e envolvem o leitor na narrativa, como os escritores podem suspender ou activar informação para o leitor em determinados momentos da narrativa e nos aspectos dramáticos e teatrais dos textos de Shakespeare, usando os *media* e a televisão como recursos de apoio. Um objectivo chave era o de promover um envolvimento activo dos estudantes com os textos, construindo sentido a partir deles e discutindo-os conjuntamente, mais do que ensiná-los passivamente sobre o que era importante. As teorias de aprendizagem que informavam estas abordagens podem ser genericamente descritas como construtivistas e sócio-culturais. O conhecimento era visto como algo que as pessoas constroem num dado contexto social, sujeito a mudança ao longo do tempo, mais do que um construto fixo e imutável. Contudo, nos discursos culturalmente conservadores sobre a educação, e particularmente sobre o ensino do Inglês, tais abordagens eram vistas como parte dos problemas decorrentes de um ensino progressista.

Ora se os debates sobre o *conteúdo* do Inglês eram importantes e deram origem a uma grande controvérsia, tão ou mais importante era a questão sempre subjacente da *finalidade* do Inglês no currículo escolar. Como disse atrás, esta finalidade e as concepções subjacentes sobre o conhecimento e a aprendizagem eram tópicos críticos para compreender as diferenças entre professores e governo na altura e também entre os diferentes ministros e conselheiros governamentais. O assunto foi tratado no Comité Cox, que estava incumbido de fazer recomendações quer sobre a estrutura quer sobre o conteúdo do Inglês no currículo nacional. O relatório deste Comité evidenciou muitas diferenças de opinião a respeito do Inglês como disciplina curricular e sublinhou posições diversas relativamente ao seu objectivo central. Resumidamente, estas posições vêem-no em termos de:

- *herança cultural*; nesta perspectiva, os alunos são orientados para "a apreciação daquelas obras literárias que são genericamente tidas como a mais refinada manifestação da língua" (DES, 1989, § 2:24);
- *crescimento pessoal*; o desenvolvimento do currículo "centra-se na criança, enfatizando-se a relação entre a linguagem e a aprendizagem e o papel da linguagem no desenvolvimento da vida estética e pessoal da criança" (*ibid.*, § 2.21);
- *necessidades da vida adulta*; esta orientação privilegia a "comunicação fora da escola, enfatizando a responsabilidade dos professores de Inglês na preparação da criança para as exigências linguísticas da vida adulta, incluindo o contexto do trabalho, num mundo de mudanças rápidas" (*ibid.*, § 2:23);
- *análise cultural;* esta perspectiva "enfatiza o papel do Inglês na promoção, nas crianças, de uma compreensão crítica do mundo e do meio cultural no qual vivem" (*ibid.*, § 2:25).

A intenção do Relatório do Comité Cox era ser inclusivo e reconhecer diversas crenças e posições em relação às finalidades do Inglês. Assim, todas estas perspectivas eram apresentadas como igualmente válidas na contribuição para boas práticas de ensino do Inglês. Se um dos objectivos do Relatório era dar a conhecer os diferentes interesses e concepções sobre o ensino da língua, visava também organizá-los num quadro comum. Em geral, a natureza inclusiva do modelo propiciou o consenso. Houve um sentimento comum de que o conteúdo e a estrutura do currículo nacional que tinha sido proposto eram, de facto, aceitáveis. Foi reafirmado aos professores de Inglês que o currículo não seria restritivo e explicitamente prescritivo. Nos inícios de 1990, era evidente que este modelo tinha ganho o apoio dos professores de Inglês num grande número de escolas (Radnor, Poulson & Turner-Bissett, 1995), bem como da Associação Nacional de Professores de Inglês (NATE). Isto era, sem dúvida, um enorme feito, que poucos considerariam possível uns anos antes, quando a constituição do Comité Cox fora anunciada. Mesmo assim, políticos e conselheiros de política educativa não ficaram satisfeitos com o resultado.

No início dos anos noventa, ocorreram algumas mudanças nos membros das agências responsáveis pelo currículo e pela avaliação. Pessoas consideradas politicamente neutrais foram substituídas por outras com claro enfeudamento político, pessoas que tinham sido conselheiras dos sucessivos governos Conservadores ou que eram membros dos *think tanks* e grupos de pressão de direita. A influência destes grupos teve um peso significativo nos subsequentes desenvolvimentos relativos ao Inglês e à sua avaliação nos primeiros anos do currículo nacional.

A crescente politização do Inglês no currículo não passou sem reacção. O professor Brian Cox, que presidira ao Comité com o mesmo nome, e que antes tinha sido visto como um conservador fiável, escreveu que a manipulação política do currículo e das agências de avaliação era contra os princípios democráticos, ao permitir o controlo por uma minoria de pessoas com as mesmas opiniões, com visões políticas extremistas (Cox, 1995). Uma perspectiva restritiva e ainda mais dogmática emergiu não tanto nas revisões à versão original do currículo nacional do Comité Cox mas, indirectamente, através da avaliação e dispositivos de testagem, particularmente ao nível dos novos exames nacionais para os alunos de 14 anos. O leque dos textos obrigatórios de poesia, prosa e drama era limitado e antiquado e os itens propostos para a avaliação enfatizavam a evocação de conhecimento sobre os textos, mais do que a sua compreensão. Os fins desta avaliação eram profundamente políticos na sua natureza, incorrectamente pensados, acabando por motivar a "fúria" de muitos professores de Inglês. A NATE constituiu uma voz de oposição activa a estas novas disposições na área da avaliação e coordenou as posições dos professores de Inglês por toda a Inglaterra e Gales. Esta associação ganhou também o apoio das associações de pais que estavam preocupados com o impacto destes exames no progresso educativo dos filhos. Apoiados pela NATE, pelos mais importantes sindicatos de professores e pelas associações de pais, um grande número de professores de Inglês recusou-se a administrar os testes para os alunos de 14 anos, em 1993 (e muitos pais deliberadamente não mandaram os filhos à escola naquele dia). Embora o governo da altura não tivesse querido reconhecer que esta tinha sido uma vitória dos professores de Inglês, o Ministro da Educação foi substituído por um outro considerado menos dogmático e mais conciliador. Foi, assim, instituída uma revisão do currículo nacional e dos princípios de avaliação e os exames nacionais para os alunos de 14 anos foram subtilmente abandonados. A partir daqui, a atenção dos conselheiros políticos de direita reorientou-se para outros aspectos do sistema educativo, tal como a formação dos professores e a inspecção das escolas.

Do Inglês no currículo nacional à Estratégia Nacional de Literacia

A partir de meados dos anos 90, a politização dos temas relacionados com o currículo e a avaliação não desapareceu, embora se tivesse tornado menos óbvia, continuando a reorganização política das agências e dos organismos relacionados com as escolas e a formação de professores. Por esta ocasião, deu-se também uma importante redefinição do que era politicamente enfatizado: o foco deslocou-se do currículo e da avaliação para a pedagogia, e do Inglês, como disciplina, para a literacia, principalmente no ensino primário. Em meados dos anos 90, um projecto financiado pelo governo, designado como Projecto Nacional de Literacia (*National Literacy Project*), desenhado para experimentar uma abordagem pedagógica estruturada e comum para o ensino da literacia nas escolas primárias, foi lançado em algumas áreas de Inglaterra. O projecto introduziu um modelo pedagógico baseado numa síntese de diferentes estratégias para o ensino da leitura e num modelo de linguagem que considerava o texto, a frase e a palavra como níveis a trabalhar. Embora os anteriores esforços de reforma se tivessem sobretudo concentrado no controlo do currículo e das práticas de avaliação como forma de mudar a educação, não tinha havido intervenção directa sobre a pedagogia, podendo os professores exercer juízos profissionais acerca da melhor forma de ensinar as suas disciplinas. Esta mudança de direcção política foi significativa e, embora tenha sido iniciada durante os últimos anos de um governo conservador, continuou e foi incrementada após a mudança de governo em 1997.

Ao contrário do governo conservador que vieram substituir, os neo-trabalhistas estavam menos interessados naquilo a que Stephen Ball chamou a agenda do *restauracionismo cultural* e mais na agenda da *modernização*. Esta mudança pode ser verificada em sucessivos textos políticos que apresentavam as políticas neo-trabalhistas como estando preocupadas com a modernidade, a mudança e a novidade (Fairclough, 2000). Era também evidente uma profunda preocupação com o desenvolvimento de uma economia baseada no conhecimento, assente no desenvolvimento de uma força de trabalho portadora de competências especializadas. Para conseguir este objectivo, considerava-se que os padrões educacionais, particularmente nas áreas da literacia e da numeracia, deviam ser melhorados. A atenção à literacia e à numeracia surgia também como resposta a preocupações com a posição da Grã-Bretanha em estudos comparativos internacionais nos quais parecia existir evidência de níveis de desempenho, por parte dos estudantes ingleses, substancialmente baixos naquelas áreas e, particularmente, da existência de um número relativamente importante de alunos com resultados de literacia e numeracia que os situavam nos escalões de desempenho mais baixos. Os políticos neo-trabalhistas foram fortemente influenciados por estratégias de intervenção em desenvolvimento nos EUA, no domínio da literacia, existindo um interesse considerável pelas reformas realizadas pela administração Clinton. Antes da sua eleição para o governo, o Partido Trabalhista tinha constituído um Grupo de Trabalho para a Literacia cujo objectivo era o de propor uma política de literacia coerente, a desenvolver no quadro do sistema educativo, se o partido viesse a constituir governo. As recomendações deste Grupo de Trabalho constituíram a base das reformas relacionadas com a literacia. Um dos mais importantes desenvolvimentos foi a introdução de uma Estratégia Nacional de Literacia (*National Literacy Strategy*) em todas as escolas primárias na Inglaterra, posteriormente alargada aos anos iniciais das escolas secundárias. Esta Estratégia (ENL), que não substituiu o currículo nacional do Inglês, desenvolvendo-se paralelamente, significou uma intervenção em larga escala, fornecendo uma estrutura pedagógica comum para as aulas de literacia em todas as escolas primárias, com o ensino baseado em objectivos explícitos de aprendizagem, mais do que em actividades, tarefas ou conteúdos curriculares. Estes objectivos eram especificados em detalhe para cada período escolar e eram trabalhados diariamente no âmbito de aulas conhecidas como Hora de Literacia (*Literacy Hour*). A Hora da Literacia era tão fortemente estruturada que, inclusivamente, se prescrevia a organização de cada uma das suas partes de quinze minutos (DfEE, 1998).

Esta nova fase da reforma, colocando a ênfase na literacia, mais do que no Inglês como disciplina, implicou uma focalização mais acentuada na pedagogia do que no conteúdo do currículo. Anteriormente, apesar de todos os debates acerca das finalidades e do conteúdo do Inglês no currículo, professores e escolas tinham a liberdade de ensinar da forma que queriam; o currículo nacional não pretendeu especificar a pedagogia em termos semelhantes aos que a ENL adoptou. No entanto, apesar da natureza radical desta fase da reforma, houve escassa oposição organizada por parte dos professores. Uma primeira explicação para tal decorre do facto de ela ter sido introduzida, em primeiro lugar, nas escolas primárias, onde os professores se encontravam menos bem organizados em termos de associações profissionais, ao contrário dos seus colegas das escolas secundárias. Depois, o corpo docente das escolas primárias é habitualmente constituído por professores de turma que tendem a construir a sua identidade profissional em outros termos que não a especialização em função de uma disciplina específica (Poulson, 2001). O forte impulso que a literacia e um modelo pedagógico particular conheceram implicou que, quando a ENL foi introduzida, muitos professores primários se sentissem descapacitados já que decisões chave acerca do que ensinar e do como ensinar foram retiradas do seu controlo. Muitos deles tinham pouca confiança nos seus próprios conhecimentos e capacidades para desenvolver trabalho no domínio da literacia, uma vez que, mesmo entre os mais bem sucedidos, poucos eram os que tinham uma formação académica significativa em disciplinas com ela relacionadas (Poulson & Avramidis, 2003). Um factor adicional é o de que o foco pedagógico das reformas recentes tem sido mais amplo do que o ensino do Inglês ou de qualquer outra disciplina. Outras reformas têm sido introduzidas numa tentativa de reconfigurar a paisagem profissional do ensino. Um elemento chave neste processo foi a introdução da gestão por objectivos no quadro da qual a valorização dos professores e o progresso profissional, incluindo o vencimento, estão em estreita relação com a consecução, pelos sujeitos, de objectivos de desempenho específicos. Os resultados dos estudantes em exames públicos e testes nacionais, realizados anualmente, têm, neste quadro, constituído um critério de desempenho fundamental.

Embora possam ser desenhados paralelismos interessantes entre os desenvolvimentos que ocorreram na Grã-Bretanha nos anos finais da década de 80 e no início da década de 90 e aqueles que presentemente estão em curso em Portugal, e noutras partes do mundo, é importante recordar que não há dois contextos culturais ou nacionais que sejam iguais, existindo diferenças significativas nas relações entre os professores e o Estado e no papel do governo central na determinação de aspectos do currículo e da avaliação. Como fica assinalado neste capítulo, mesmo onde existe uma orientação política particularmente forte – e era este o caso do posicionamento anti-progressista na Grã-Bretanha no início dos anos 90 –, raramente ela é completamente consistente nos seus objectivos ou nos meios para os atingir. O sucesso dos professores ingleses quando derrotaram as propostas governamentais no início dos anos 90 é um exemplo de como certos desafios e ameaças podem ser vencidos, mesmo em circunstâncias pouco favoráveis. Finalmente, seria ingénuo não reconhecer que as reformas em curso na Grã-Bretanha, e noutros lugares, são tentativas poderosas de modificar a natureza do ensino e o grau de autonomia profissional dos professores de Inglês e de outras disciplinas; a esta luz, o alcance da reconfiguração futura do ensino, dos professores e do currículo, em moldes políticos, permanece em aberto.

REFERÊNCIAS BIBLIOGRÁFICAS

ARNOLD, M. (1869). *Culture and Anarchy*. Edited by J. Dover Wilson, 1932. Cambridge: Cambridge University Press.
BOARD OF EDUCATION (1921). *The teaching of English in England. Newbolt Report*. London: His Majesty's Stationery Office (HMSO).
BALL, S. J. (1994). *Education Reform: a Critical and Post-Structuralist Approach*. Buckingham: Open University Press.
COX, Brian (1995). *Cox on the Battle for the English Curriculum*. London: Hodder & Soughton.
CROWLEY, T. (1989). *The Politics of Discourse*. London: Macmillan.
DEPARTMENT FOR EDUCATION AND EMPLOYMENT (1998). *The National Literacy Strategy: a Framework for Teaching*. London: DfEE.
DEPARTMENT OF EDUCATION AND SCIENCE (1989). *English for ages 5-16. Cox Report*. London: HMSO.
FAIRCLOUGH, Norman (2000). *New Labour, New Language ?* London: Routledge.
FIRTH, John R. (1964). *Tongues of Men and Speech*. Ed. by P. Strevens. Oxford: Oxford University Press.
HONEY, J. (1983). *The Language Trap*. London: National Council for Educational Standards.

MARENBON, J. (1987). *English, Our English*. London: Centre for Policy Studies.
MILROY, J. & MILROY, L. (1985). *Authority in Language*. London: Routledge.
POULSON, Louise (1998). *The English Curriculum in Schools*. London: Cassell.
POULSON, Louise (2001). "Paradigm Lost: subject knowledge, primary teachers and education policy". *British Journal of Educational Studies*. 49(1), 40-55.
POULSON, Louise, RADNOR, H. & TURNER-BISSETT, R. (1996). "From policy to practice: language education, English teaching and curriculum reform in secondary schools". *Language and Education*, 10(1), 33-46.
POULSON, Louise & AVRAMIDIS, E. (2003). "Pathways and possibilities in professional development: case studies of effective teachers of literacy". *British Educational Research Journal*. 29(4), 543-560.
RADNOR, H., POULSON, Louise & TURNER-BISSETT, R. (1995). "Assessment and Teacher Professionalism". *Curriculum Journal*, 6(3), 325-343.

O PORTUGUÊS NO ENSINO SECUNDÁRIO:
PROCESSOS CONTEMPORÂNEOS DE (RE)CONFIGURAÇÃO

Rui Vieira de Castro
Universidade do Minho

1. A Reconfiguração da Área do Português no Ensino Secundário: Circunstâncias e matrizes

Em Portugal, as décadas de oitenta e noventa do século XX e os primeiros anos do século em curso ficaram marcadas por importantes movimentos de reforma do sistema educativo com forte expressão no currículo dos ensinos básico e secundário. Aqueles movimentos arrastaram consigo, no plano do discurso pedagógico oficial, a produção de um importante conjunto de documentos que foram acolhendo novos modos de entender os objectivos, o âmbito e as formas de operacionalização das disciplinas escolares da Área do Português.

As novas orientações que emergem durante este período são genericamente caracterizáveis em função dos aspectos seguintes:

   i) estruturam-se sobre um pano de fundo razoavelmente informe, no sentido em que o estado de coisas que lhes preexistia não era reconduzível a um cenário coerente;

   ii) articulam-se com movimentos mais gerais de transformação do quadro curricular (que, por sua vez, dão expressão a novas linhas de política educativa);

   iii) não são necessariamente harmónicas quando consideradas na sua globalidade;

iv) têm diferentes lugares de expressão ao nível das agências que as protagonizam e possuem diferentes graus de relevância no que à sua visibilidade e efeitos de regulação diz respeito.

Neste quadro, em 1997, na sequência da identificação de uma série de "desajustamentos", é desencadeada a "revisão curricular" do ensino secundário, reconhecendo-se que, tendo estado aquele nível de ensino tradicionalmente "subordinado às exigências do ensino superior", tinham-se tornado muito fortes as pressões para que ele respondesse "às necessidades do mundo do trabalho" (DES, 1997, pág. 6)[1].

Em 2000, é editado pelo Departamento do Ensino Secundário um documento (DES, 2000) em que são sintetizadas as orientações fundamentais da "revisão curricular". Aí se prevê a redefinição dos cursos gerais, "favorecendo a integração das dimensões teóricas e práticas", dos cursos tecnológicos, "conferindo-lhes uma natureza profissionalmente qualificante", e a "diferenciação dos programas das disciplinas do ensino secundário, de acordo com a natureza dos cursos" (*idem*, pág. 12); afirma-se, actualizando um *topos* dos discursos sobre o ensino secundário, a procura de uma "identidade", construída sobre um "significativo conjunto de competências de natureza pessoal, académica e profissional" (*idem*, pág. 15) relevantes ora na perspectiva da "obtenção de um diploma do ensino secundário e de uma certificação profissional que [...] permite o acesso a um emprego qualificado", ora na perspectiva da "obtenção de um diploma do ensino secundário e [da] candidatura ao ensino superior"; anuncia-se uma "diversificação de percursos" motivada pela "crescente heterogeneidade de públicos e de necessidades sociais" (*idem*, pág. 15).

---

[1] Em consequência, afirma-se a necessidade de se promover um "processo sustentado de mudança [...] das formações secundárias do sistema educativo português". No decurso deste processo, o Departamento do Ensino Secundário do Ministério da Educação promoveu um conjunto vasto e diversificado de iniciativas – encontros de escolas, encontros de professores, solicitação de pareceres a associações científicas e profissionais, realização de conferências, etc.; algumas destas actividades deram lugar a publicações que constituem documentos importantes para se poder compreender e avaliar os princípios e as características da "revisão curricular" bem como a natureza das opções que vieram a ser assumidas (cf., entre outros, Fernandes & Mendes, 1998; Fernandes, Neves, Roque & Pais, 1998; Fernandes & Mendes, 1999; Fernandes, Neves & Gil, 1999).

A assunção de princípios desta natureza vai ter naturalmente expressão nas opções curriculares[2]. O plano de estudos correspondente ao currículo "revisto" pelo Decreto-Lei n.º 7/2001, de 18 de Janeiro, representa um importante ponto de viragem na conceptualização da Área do Português neste nível de ensino, com a criação da disciplina de Língua Portuguesa, comum a todos os percursos de formação, gerais e tecnológicos; disciplina que, no Curso Geral de Línguas e Literaturas, passa a coexistir com as de Literatura Portuguesa e de Literaturas de Língua Portuguesa, esta última de natureza opcional.

Entretanto, na sequência de um processo iniciado ainda em 2000, foram sendo homologados os programas de várias disciplinas. O programa de Língua Portuguesa haveria de estar, no Verão de 2001, na base de uma das polémicas mais acesas que, tendo por objecto aspectos do ensino do Português, alguma vez tiveram lugar na comunicação social portuguesa.

O desenvolvimento da "revisão curricular" veio, entretanto, a confrontar-se com diversos obstáculos. Em Abril de 2003, é apresentada a versão final da reforma do ensino secundário[3]. No figurino previsto para entrar em vigor em 2004/2005, todos os cursos "científico-humanísticos" e "tecnológicos" possuem uma componente de "formação geral" que inclui as disciplinas de Português (que se encontra presente nos três anos do curso), Língua Estrangeira, Filosofia, Educação Física e Tecnologias da Informação e Comunicação. No Curso de Línguas e Literaturas estabelece-se, ao nível da "formação específica", num quadro de escolhas opcio-

---

[2] Os cursos gerais e os cursos tecnológicos, definiveis em função do "prosseguimento dos estudos superiores" ou da obtenção de "um emprego qualificado" (DES, 2000), são construídos sobre matrizes curriculares a que correspondem, nos cursos gerais, as componentes de "formação geral", de "formação específica" e de "área de projecto", e, nos cursos tecnológicos, as componentes de "formação geral", "formação científico-tecnológica" e de "projecto tecnológico". Nos dois percursos, no entanto, a componente de "formação geral", que visa "contribuir para a construção da identidade pessoal e social dos jovens através do reforço das suas competências de comunicação e de reflexão crítica" (artigo 5.º, 4., a.), apresenta a mesma composição disciplinar – Língua Portuguesa, Língua Estrangeira I ou II, Filosofia, Educação Física e Educação Moral e Religiosa (opcional).

[3] O documento (ME, 2003) diz respeito aos cursos gerais e tecnológicos, aqueles que aqui são objecto fundamental da nossa atenção e que representam a escolha da esmagadora maioria dos estudantes portugueses do ensino secundário (cf. Azevedo & Alves, 1999).

nais, a existência das disciplinas de Literatura Portuguesa (no 10.º e 11.º ou no 11.º e 12.º anos) e de Literaturas de Língua Portuguesa (no 12.º ano). A Área do Português concretiza-se, ainda, no Curso de Ciências e Tecnologias e no Curso de Artes Visuais, ao nível da "formação específica", na disciplina de Clássicos da Literatura (disciplina cuja oferta fica dependente do projecto educativo de cada escola).

Entretanto, havia sido decidido que alguns dos programas antes homologados passariam a vigorar no ano lectivo de 2003/2004. Tal decisão implicou a elaboração, difusão e adopção de novos manuais escolares; vão ser as características destes novos manuais, designadamente os seus conteúdos, a desencadear mais um intenso debate na comunicação social em redor das finalidades e dos conteúdos do ensino do Português.

Em síntese, nos últimos anos, a Área do Português conheceu profundas transformações. Pela sua profusão, pela sua diversidade, pelo seu impacto, os textos que as têm vindo a corporizar desafiam operações analíticas orientadas para a identificação e caracterização dos modos de conceber a(s) disciplina(s) desta componente do currículo.

É a este desafio que este texto pretende dar resposta. Nele procuro, fundamentalmente, desenvolver uma reflexão sobre os processos contemporâneos de (re)configuração da Área do Português, centrando a minha atenção no ensino secundário, lugar onde ela conhece uma concretização multidisciplinar. A análise será orientada pelos objectivos seguintes:

> i) identificar e caracterizar os princípios estruturadores que operam ao nível do discurso pedagógico oficial, isto é, do *discurso instituinte*;
>
> ii) analisar aspectos do *discurso constituinte*, conferindo centralidade aos manuais escolares de Língua Portuguesa;
>
> iii) analisar os textos que, na esfera pública, exprimem posições sobre o ensino do Português, dando corpo a um *discurso de geração*, pelo menos potencial, dos discursos constituinte e instituinte;
>
> iv) equacionar, a partir da análise das concepções identificadas, as tensões que atravessam a Área do Português e que previsivelmente regularão as direcções do seu desenvolvimento.

2. A Reconfiguração da Área do Português no Ensino Secundário: Um dispositivo de análise

Definível como "a principle for appropriating other discourses and bringing them into a special relation with each other for the purposes of their selective transmission and acquisition" (Bernstein, 1990, págs. 183-184), o discurso pedagógico visa "posicionar os sujeitos (alunos e professores) em referência a um conjunto legítimo de *significados* e de *relações sociais*", isto é, ao "conhecimento educacional" e às "práticas específicas reguladoras da transmissão-aquisição dos significados legítimos e da constituição da ordem, relação e identidade" (Domingos *et al.*, 1986, págs. 295-297); o discurso pedagógico envolve "a recontextualizing principle which selectively appropriates, relates, refocuses, and relates other discourses to constitute its own order and orderings" (Bernstein, 1990, pág. 184). Nesta perspectiva, aquilo que as aulas são é também efeito de uma específica relação dos sujeitos que nelas operam discursivamente com instâncias localizadas para lá das suas fronteiras, sendo que, na assunção do ponto de vista bernsteineano, as relações entre os diversos níveis constitutivos do discurso pedagógico, os diferentes textos, sujeitos e agências, não são analisáveis em termos de pura especularidade.

Os diferentes níveis de produção e reprodução do discurso pedagógico, mantendo relações de regulação mútua, caracterizam-se, em simultâneo, por uma autonomia relativa, o que supõe que entre eles (como no seu interior) possam existir tensões e, até, contradições. Entre o que os programas escolares estabelecem e aquilo que os professores (ou certos grupos de professores) dizem e fazem podem existir (e, de facto, existem) descoincidências; o mesmo se aplica quando pensamos a natureza da apropriação que os manuais escolares realizam sobre os programas; o conceito de recontextualização, com o que implica de possibilidades de redefinição é, a este propósito, particularmente produtivo. Na verdade, a recolocação de um texto num outro lugar é um processo que não ocorre sem ressignificação. Tal decorre do facto de as formações discursivas que concorrem no interior do mesmo espaço discursivo poderem apresentar distintas formas de interacção. Em consequência, em termos teórico-metodológicos, faz sentido instituir "o interdiscurso como objecto [considerando] não uma formação discursiva, mas a interacção entre formações discursivas" (Maingueneau, 1997, pág. 119).

Neste quadro, uma distinção fundamental que importa é a que contrapõe o discurso que *constitui* as práticas pedagógicas e o discurso que, mais imediatamente, *institui* as práticas pedagógicas, este concretizado em textos oficiais que têm como objectivo a regulação daquilo que as aulas são e dos significados nelas produzidos. Os programas escolares são exemplares relativamente a este último tipo; no *discurso constituinte* ganham particular importância os manuais escolares que podem ser, em pelo menos alguns dos seus lugares, "discurso na aula".

A análise das formações discursivas em interacção no campo pedagógico aconselha que sejam precisadas, nos diversos níveis de produção discursiva, as características de algumas categorias que neles são fundamentais[4].

O currículo escolar, que exprime, nas palavras de Raymond Williams, uma "versão selectiva" do "conhecimento" e da "cultura" não desarticulável das relações sociais (Williams, 1995, pág. 186), tem nos "programas escolares" um dos lugares de materialização daquela "selecção"[5].

Em Portugal, as escolhas que os programas escolares hoje realizam, sempre compaginaveis com opções mais gerais, em última análise, de natureza política, acerca daquilo que a educação formal deve ser, têm expressão ao nível das metas que são definidas para as acções pedagógicas e dos conteúdos que são seleccionados – e aqui estaremos situados no plano do que na tradição portuguesa são as componentes *obrigatórias* destes textos – e também ao nível das metodologias propostas e das modalidades e dispositivos de avaliação sugeridos. Os programas escolares são, em consequência, configurados como lugares de regulação forte de outras instâncias no interior do campo pedagógico, do discurso oficial[6] às práticas pedagógicas.

---

[4] De entre estas categorias não constam as relativas ao espaço discursivo da aula, objecto que se encontra, no imediato, excluído da análise que agora conduzo. No entanto, a aula é a categoria em função da qual as outras são perspectivadas.

[5] Os programas escolares são um dos lugares em que se torna mais visível a forma como o Estado perspectiva as funções da Escola, sobretudo quando, como acontece em Portugal, eles são produzidos pelas agências do Ministério da Educação. Habitualmente, as agências do Estado são a única voz autoral explícita. Os programas escolares para o Ensino Secundário homologados em 2001 são, deste ponto de vista, peculiares porque incluem menção explícita às pessoas dos seus autores. Este facto deverá ser associado à natureza também *teórica* que estes textos revestem, apontando estes dados para uma reconfiguração da sua natureza, agora não apenas injuntiva mas também argumentativa.

[6] O espaço discursivo oficial da Área do Português não é preenchido apenas pelos programas escolares. O processo de "reorganização curricular" do ensino básico, por

Os programas escolares inscrevem-se num quadro de relações intertextuais que lhes confere um sentido particular; podem ser vistos, por um lado, como lugares de sedimentação e de reorganização de um conjunto heterogéneo de referências, localizáveis em diferentes campos discursivos, que são oficialmente *traduzidas* para o interior do campo pedagógico e, neste sentido, eles põem em evidência a natureza de "artefacto social" (Goodson, 1994) do currículo; por outro lado, ao estabelecerem metas educacionais, ao delimitarem certos corpos de conteúdos, ao induzirem determinadas formas de organização do trabalho pedagógico, os programas escolares são *fonte* de outros textos, ao nível do discurso oficial, dos materiais instrucionais ou das aulas. Os efeitos que geram não se restringem, porém, a estes lugares; as polémicas na esfera pública em redor do sentido das mudanças mais recentes no currículo da Área do Português no ensino secundário testemunham o alcance e o impacto que podem ter as decisões oficiais tomadas na arena da educação linguística e literária.

O uso da categoria "manual escolar" permite descrever um conjunto vasto e variado de materiais, diversos na sua dimensão, no seu conteúdo, no âmbito temporal e espacial da sua utilização, no seu poder estruturante relativamente à organização do trabalho pedagógico dos alunos e professores (cf. Escolano Benito, 2002, para uma caracterização). Tipicamente, os manuais escolares apresentam, nesta diversidade, um elemento comum: são concebidos como textos que se representam como reguladores de aquisições no quadro da educação formal[7].

No caso das disciplinas da Área do Português, o "livro de Português", herdeiro de compêndios, antologias ou selectas, é o livro que mais ime-

---

exemplo, gerou um documento de regulação (ME.DEB, 2001) que hoje constitui uma referência significativa nas práticas e nos discursos dos professores. Mais recentemente, os Departamentos da Educação Básica e do Ensino Secundário editaram uma Terminologia Linguística para os Ensinos Básico e Secundário (AA.VV, 2002). O que é interessante notar, a este propósito, é que os textos produzidos no âmbito do espaço discursivo oficial podem não exprimir exactamente as mesmas concepções acerca da educação linguística e literária.

[7] A percepção da relevância dos manuais escolares tem motivado um larguíssimo número de trabalhos de investigação que, na caracterização proposta por Johnsen (1993), dão corpo a diferentes perspectivas analíticas que seleccionam ora a história, ora a ideologia, ora o uso, ora a elaboração e circulação dos manuais escolares (para uma visão de conjunto sobre trabalhos disponíveis neste campo de investigação, pode ver-se também Woodward, Elliott & Nagel, 1988).

diatamente é identificado com e identifica as disciplinas da Área. No entanto, o "livro de Português" existe e ganha sentidos no âmbito mais vasto que para ele definem outros textos. Na verdade, de há muito que este livro aparece acompanhado de outros que, com ele mantendo uma relação de maior ou menor dependência, desempenha(ra)m funções de natureza complementar; assim acontece(u) como gramáticas escolares e cadernos de actividades, por exemplo. Contemporaneamente, porém, esta constelação tem sido enriquecida pelo aparecimento de novos materiais instrucionais em diferentes suportes[8]. Neste processo de recomposição da constelação, são visíveis duas tendências complementares que definem uma mudança substantiva: i) a multiplicação de subgéneros[9], que não arrasta consigo necessariamente a especialização, dado que eles tendem a conter, no seu âmbito, os diferentes "domínios" da disciplina – leitura, escrita, funcionamento da língua; ii) a sua individualização em função dos destinatários (alunos ou professores), que não significa, porém, a inexistência de materiais que os seleccionem conjuntamente, de modo expresso ou tácito[10].

O "livro de Português" apresenta, hoje, uma estrutura marcadamente "compósita" estruturando-se, na conceptualização proposta por Dionísio (2000), em dois planos principais: "um, fundacional, do qual fazem parte os textos seleccionados (…) a antologia; outro, complementar, constituído pelas actividades (…) a partir das quais se podem extrair os 'conteúdos', declarativos ou processuais, explícitos ou implícitos, que constituem objecto da disciplina" (págs. 106-107).

---

[8] Livros ou guias do professor, ao lado de colecções de transparências, discos compactos ou cassetes vídeo tornaram-se hoje elementos frequentemente presentes. Porém, outros materiais devem também ser considerados. Os "livros de Português", sobretudo aqueles que são publicados pelas editoras com mais forte implantação no mercado, reenviam explicitamente os seus utilizadores para páginas electrónicas geridas pelas editoras que se apresentam como suporte complementar de aprendizagens. São, pois, cada vez mais complexas as redes informacionais em que se inscrevem os "livros de Português".

[9] A presença que certos livros para-escolares, como os livros auxiliares de leitura de obras literárias, hoje têm no trabalho pedagógico é evidência deste facto (ver, a propósito, Rodrigues, 2000), como o são a das colecções de testes sumativos ou dos livros de exercícios.

[10] A existência nos "livros de Português" de notas introdutórias diferenciadas para os alunos e os professores e de outros dispositivos dirigidos explicitamente aos alunos que apenas fazem sentido se hipotetizarmos o professor como destinatário dão conta da natureza deliberadamente ambígua que estes materiais revestem.

Estes dois planos darão expressão, por um lado, aos textos legítimos e, por outro lado, entre outros aspectos, aos modos legítimos de os ler. Nesta medida, eles significam "through their content *and* form – particular constructions of reality, particular ways of selecting and organizing that vast universe of possible knowledge" (Apple & Christian Smith, 1991, pág. 3). Nesta perspectiva, os manuais medeiam a relação entre os textos e os leitores em construção, tornando-se uma instância poderosa na inscrição dos leitores numa determinada formação de leitura, constituída por significados e por normas e condições para a sua produção; deve, no entanto, considerar-se a natureza contingente do sentido efectivamente produzido, efeito da interacção do conhecimento prévio do leitor, do contexto institucional no qual a tarefa de leitura se desenrola, do professor que orienta a leitura e das características próprias do manual escolar (cf. Luke, de Castell & Luke, 1989, pág. 258)[11].

O plano "complementar" de estruturação dos manuais escolares encontra-se contemporaneamente em processo de complexificação, uma tendência que não é apenas nacional (veja-se, a propósito, A. Choppin, 1992, cap. 5); de facto, ele não é mais motivado apenas pela "leitura" dos textos antologiados, mas alarga-se aos outros "domínios" da disciplina, podendo incluir fichas informativas, instrumentos de avaliação, etc., relacionados com a escrita ou a gramática, por exemplo. Parece, assim, caminhar-se no sentido de uma reconfiguração do "livro de Português", menos "livro de leitura" (e, menos ainda, antologia) e mais "livro de referência"[12]. Neste processo, os manuais escolares, à semelhança dos programas, aliás, funcionam como lugares de articulação do campo pedagógico com outros campos; Marisa Lajolo e Regina Zilberman referem-se-lhes como a "dobradiça perfeita" quando analisam o seu papel de institucionalização da formação do leitor e de lu-

---

[11] A esta luz, entendo que a exclusividade atribuída à questão do *corpus* textual em muitos dos debates públicos sobre o ensino do Português deriva de alguma incompreensão acerca daquilo que é verdadeiramente importante – o regime de leitura a que os textos se encontram sujeitos; no *contexto de uso*, "the text is necessarily reconstituted in an operational sense by a prior pedagogical reading, which may or may not 'preserve the very words' of the authored text" (Luke, de Castell & Luke, 1989, pág. 252).

[12] Estes factos devem, a meu ver, ser associados a uma representação específica não apenas das disciplinas escolares em causa ou dos alunos, nas suas capacidades, necessidades ou interesses, mas também dos próprios professores, porque se lhes destinam.

gar de repercussão da produção literária (Lajolo & Zilberman, 1998, pág. 310).

Programas e manuais escolares materializam um nível específico de produção discursiva no interior do aparelho pedagógico, o da recontextualização (oficial e pedagógica) do discurso pedagógico (Bernstein, 1990). Ora, estes textos, nas suas condições concretas de existência, nos seus princípios de constituição, nos seus conteúdos podem gerar interdiscursos que, por sua vez, os podem transformar.

Neste sentido, ganha especial relevância a consideração de outros campos na produção de formas alternativas de concretização do discurso pedagógico. A este respeito, temos assistido nos últimos anos a alguns factos novos, com as questões da educação linguística e literária a assumirem uma visibilidade inabitual nos *media* sob a forma de tomadas de posição por parte de associações de professores, de departamentos universitários, de investigadores de diversas áreas científicas, de escritores e ensaístas, de políticos e de fazedores de opinião.

Este facto sustenta a hipótese de estarmos a assistir a um movimento de transformação das relações do discurso pedagógico com outros discursos, com o campo dos *media* a emergir como lugar eficaz para garantir essa transformação; a produção, neste campo, de um "discurso pedagógico" por sujeitos que habitualmente dão voz a outros tipos de discurso, académico, por exemplo, e que equacionam os problemas da educação linguística e literária, dando corpo a projecções do seu campo primário de produção discursiva sobre o campo pedagógico, transformam o sistema mediático num lugar particularmente relevante de construção do consenso[13]. Neste quadro, a análise ganha em incorporar a categoria "geração do discurso pedagógico".

Na perspectiva que aqui adopto, a Área do Português é entendida como realidade radicalmente complexa, efeito não só da diversidade de níveis e agências que a estruturam discursivamente, como do corpo de concepções e práticas diversas, ou mesmo divergentes, que as atravessa,

---

[13] As condições para que estas projecções tenham efeitos são garantidas pelo facto de, para lá de todas as diferenças nos seus objectivos, referentes e quadro de relações intertextuais, aquilo que no contexto académico se diz sobre a língua e sobre a literatura não ser indiferente àquilo que na escola básica ou secundária se diz sobre a língua e sobre a literatura (sendo que o inverso também é verdadeiro). Este facto é imediatamente visível quando se verifica que há textos – por exemplo, textos de descrição linguística ou textos de crítica literária – que circulam entre um e outro contexto.

o qual, sob a forma de distintas formações discursivas, espelhará os múltiplos olhares possíveis sobre os seus objectos e objectivos[14].

Procurando clarificar aspectos desta realidade, o quadro conceptual esboçado, cuja adequação pretendo de caminho evidenciar, articula diferentes campos e níveis discursivos e, neles, diferentes categorias e, aproveitando o conselho de se "pensar relacionalmente" (Bourdieu, 1994), assume que as propriedades das instâncias/agentes/discursos decorrem do quadro de relações em que se inscrevem. A operacionalização de um quadro deste tipo supõe, entretanto, a elaboração de grelhas de análise que aparecerão explicitadas aquando das operações analíticas que à frente descreverei.

3. A Área do Português no Ensino Secundário: As mudanças no discurso instituinte

Quando se analisa o processo de reconfiguração do ensino secundário a que a "revisão curricular" deu corpo, uma das linhas de força que, pela sua evidência, mais se impõe diz respeito à procura de uma articulação entre um corpo de competências especializadoras, mas suficientemente flexíveis, e percursos de formação com características suficientemente distintivas, tornando-se expressiva, a este propósito, a procura de conexões mais fortes com o mundo do trabalho[15].

---

[14] A propósito das mudanças do currículo em Inglaterra nas duas últimas décadas, Robert Protherough e Peter King elencam cinco causas principais das controvérsias em redor do "English": i) a importância geralmente atribuída à disciplina como configuradora da visão do mundo dos jovens; ii) o contínuo debate em redor daquilo que a disciplina é; iii) a sua sensibilidade às influências da sociedade e às mudanças nos objectivos da educação; iv) os desafios que a disciplina coloca aos métodos e aos critérios de avaliação convencionais; v) o olhar distinto que os professores da disciplina projectam sobre si e sobre o seu trabalho (Protherough & King, 1995, págs. 3-7). Estas razões, em grande medida, explicarão também o que ocorre no nosso país.

[15] Nas palavras de um ex-Director do Departamento do Ensino Secundário responsável pela "revisão curricular", os percursos formativos do Ensino Secundário deveriam envolver "perfis terminais de competências e, quando necessário, referenciais de profissão e de emprego claramente definidos" (Fernandes, 1998, pág. 23). Estaremos, aqui, perante a expressão nacional de um movimento mais vasto de redefinição do papel da educação secundária no contexto europeu. No nosso caso, este movimento terá tido expressão anterior na reforma dos anos oitenta que terá correspondido, no campo da educação, à "fase mais determinante da (re)definição do lugar de Portugal na economia mundial" e da inser-

A assunção de orientações desta natureza haveria de ter efeitos no currículo: a Área do Português, ao envolver saberes que habitualmente se têm como relevantes para a vida profissional, seria inevitavelmente afectada por este tipo de modificações. No quadro da "revisão curricular" foi-o através da criação da disciplina de Língua Portuguesa, comum a todos os percursos formativos.

No discurso oficial, a justificação da criação desta disciplina foi vaga e, mesmo, incoerente[16]. Ainda assim, poucas foram as vozes que se lhe opuseram[17], facto que, admitindo outras explicações, não deixa de ser

---

ção do país na Europa comunitária" (Afonso, 2000, pág. 18). Nesta perspectiva, as orientações a que a "revisão curricular" dá corpo acentuariam tendências que, embora num quadro contraditório, já anteriormente podiam ser identificadas. Como faz notar Fátima Antunes, a ênfase na "dupla natureza" do ensino secundário e, sobretudo, na sua vertente profissionalizante, seria expressão de um dos vectores que caracterizam aquela redefinição – "a recontextualização da educação face ao mundo e às instituições produtivas e de trabalho" baseada na "redefinição do processo educativo para permitir a diluição (ou permeabilização) selectiva da fronteira entre educação e trabalho" (Antunes, 2000, pág. 114). Recorde-se que num dos documentos seminais da "revisão curricular" (ME, 1997) assinalava-se a relevância de "assegurar o carácter terminal de todos os cursos de nível secundário, promovendo, em todos eles, domínios de formação de cariz profissionalizante".

[16] A então Secretária de Estado da Educação, Ana Benavente, em declarações ao *Público* de 10 de Dezembro de 1999, sintetizou nos termos seguintes o objectivo da criação da disciplina de Língua Portuguesa para todos os Cursos: "Melhorar, de forma significativa, as competências comunicacionais dos alunos". No documento em que, de forma mais sistemática e consistente, se *teorizam* os princípios da "revisão curricular" afirma-se que: "Na Língua Portuguesa trata-se de assegurar que todos os alunos, independentemente do percurso escolhido, desenvolvam e aprofundem o seu domínio da língua portuguesa através do conhecimento explícito das suas estruturas e funcionamento. Deve fazer-se a análise e estudo de textos literários, assim como de outros de diversa natureza com valor educativo e formativo. Conhecidas as dificuldades de muitos alunos na expressão escrita, serão produzidos vários tipos de textos que incentivem a interactividade entre a oralidade e a escrita" (DES, 2000, pág. 25). Como assinalei num outro local, estabelece-se "um nexo de causalidade entre o conhecimento formal e o desenvolvimento do domínio da língua portuguesa, que emerge como justificação central da própria disciplina" no quadro de uma sua definição imprecisa "ao não relevar com clareza os objectivos centrais da disciplina, ao não deixar em evidência os seus domínios de referência e as suas articulações, ao não precisar os contornos dos objectos" (Castro, 2001).

[17] Os Pareceres que foram tornados públicos, em resposta a solicitação do Ministério da Educação, deixam em evidência a concordância com (e em alguns casos um apoio mais ou menos expressivo) as opções tomadas; é o caso, por exemplo, da Associação de Professores de Português para quem "É fundamental a disciplina de Língua Portuguesa, para todos os alunos do ensino secundário, centrada no desenvolvimento das competências comunicativas. Os seus conteúdos e competências essenciais [...] deverão privilegiar o

também um sinal de um contexto permeável, senão propício, àquele tipo de solução. De facto, ela articula-se congruentemente com diagnósticos e terapêuticas produzidos no ensino superior os quais, acentuando a natureza deficitária das competências expressivas e de reconhecimento em língua portuguesa dos alunos, têm tido tradução na proposta de criação (ou na criação efectiva) da disciplina de Língua Portuguesa em diversos cursos universitários. Por outro lado, ela corresponde a um juízo muito comum, com expressão em vários contextos discursivos, de que a escola não tem sido capaz de assegurar o desenvolvimento das competências básicas de leitura e de escrita, um diagnóstico eventualmente suportado em estudos de avaliação que habitualmente devolvem um quadro muito pouco favorável no que diz respeito às competências de comunicação verbal dos portugueses, sobretudo dos jovens (ver, a propósito, Sim-Sim & Ramalho, 1993, Benavente, 1996; Delgado-Martins *et al.*, 2000; Ramalho, 2001; Ramalho, 2002); aliás, o próprio discurso político tem acolhido e dado expressão a tal tipo de juízos (considere-se, a título exemplificativo, as propostas de 'planos de emergência' para o ensino do Português).

Nesta perspectiva, a criação da disciplina de Língua Portuguesa terá correspondido efectivamente a novas solicitações colocadas à escola, no plano da educação linguística, tal como elas são percebidas do ponto de vista do Estado e, também, de amplos grupos sociais. Esta solução, traduzindo uma reorientação do quadro curricular, inscreve-se, ainda assim, num quadro específico de tendências que são visíveis quando se perspectiva a construção histórica da Área do Português, designadamente:

    i) uma concepção progressivamente mais complexa das disciplinas visível na crescente diferenciação e estruturação dos seus vários "domínios": leitura, escrita, etc.;

---

desenvolvimento das competências linguísticas instrumentais exigidas pelas/nas outras disciplinas" (Parecer da APP). Pude recensear escassos textos *críticos* desta opção. O artigo de Maria do Carmo Vieira publicado no *Jornal de Letras, Artes e Ideias*, em 18 de Abril de 2001, "Contra o facilitismo", o texto de Carlos Ceia, "Acabar de vez com a literatura", dado a público no *Jornal de Letras...* de 16 de Maio de 2001, o texto de Vasco Graça Moura publicado, a 20 de Junho de 2001, no *Diário de Notícias,* intitulado "Camões no limbo", mobilizam alguns argumentos comuns, envolvendo a defesa do estatuto da literatura e da relevância das funções que ela pode desempenhar no ensino secundário; o que aqui comummente se questiona é que a resposta aos níveis insatisfatórios de desempenho linguístico dos alunos, por ocasião da entrada no ensino secundário, deva conduzir a uma mudança curricular no nível subsequente e não a uma procura de soluções no ensino básico.

ii) uma cada vez maior especificação das metas no âmbito de cada domínio;

iii) a deslocação de uma concepção mais normativa da educação linguística para uma concepção mais *desenvolvimentista* em que o conceito de "competência comunicativa" se revela central;

iv) a redefinição dos núcleos estruturantes das disciplinas que acompanham a deriva dos objectivos de conhecimento para os objectivos de capacidades e que se traduzem numa *invasão*, ainda que tímida, do domínio da "literatura" pelo da "leitura" (cf. Castro, 1995, cap. 3, para alguns dados empíricos)[18].

É neste pano de fundo, que lhe confere um significado específico, que se inscrevem as novas orientações programáticas.

O programa de Língua Portuguesa para o Ensino Secundário (ME.DES, 2002a), a que agora prestarei particular atenção, é um documento que, em extensão (76 páginas), é dos mais longos da história do ensino do Português. Situando-se numa tensão entre a expressão das opções que lhe subjazem, a formulação de princípios gerais e a apresentação de orientações reguladoras das práticas pedagógicas, o Programa acaba por objectivamente privilegiar estas últimas – cerca de metade do texto é ocupado com a apresentação de princípios e propostas relativos à sua concretização pedagógica[19]. O âmbito do Programa, prevendo circunstanciadamente os

---

[18] Registe-se, entretanto, que tal não significa que a "mudança" seja consistente, isto é, que as tendências anotadas se apresentem de forma progressivamente visível, ou mesmo que elas sejam verificáveis com igual expressão no interior de cada texto no interior de cada sincronia. A este propósito, tenha-se em conta a natureza *dual* das disciplinas da Área do Português; pretendo dar conta com esta expressão do carácter (constitutivo?) da atribuição a estas disciplinas de finalidades que estão claramente para lá do desenvolvimento de competências ou de conhecimentos na esfera verbal. Por exemplo, o programa de 1936 afirma expressamente que a disciplina de Português é o lugar por excelência de desenvolvimento do "sentimento nacional", de compreensão da ligação entre "o sentimento nacional da grandeza da Pátria" e a "tradição colonial", o lugar onde se deve "proporcionar o conhecimento da terra portuguesa e dar notícia dos acontecimentos históricos que nos seus vários recantos se efectuaram". Mas não se julgue que este tipo de enunciados é apenas característico de momentos históricos caracterizados pelo reforço da função de aparelho ideológico do sistema educativo. Enunciados referidos ao desenvolvimento da "cultura do espírito", à "formação moral" são particularmente persistentes ao longo do tempo.

[19] Esta preocupação de regulação torna-se particularmente evidente na rubrica "gestão do programa" onde se chega a determinar a distribuição do tempo lectivo pelos vários

diversos vectores estruturantes da acção dos professores, revela a opção por um figurino que prefigura uma intenção de regulação forte sobre o campo profissional. Em simultâneo, a assunção destes textos como *lugares teóricos* produz uma representação sobre as suas condições de aplicabilidade, implicitando que os saberes necessários não são detidos pelos professores, e sobre as modalidades de difusão da inovação no campo pedagógico, vistas como devendo operar sobretudo a partir do *centro*. Teorização e injunção surgem, assim, como elementos de uma constelação original.

Na ausência de referências, no Programa, à novidade que a disciplina de Língua Portuguesa representa no currículo e aos sentidos que a sua presença poderia aí revestir (ao contrário do que sucede, por exemplo, no programa de Literatura Portuguesa), é a partir da análise das metas apresentadas que melhor se poderá compreender o teor do projecto disciplinar em causa. Instituindo explicitamente a "compreensão oral", a "expressão oral", a "expressão escrita", a "leitura" e o "funcionamento da língua" como "competências nucleares" da disciplina, em articulação com diversos tipos de textos, elege-se como horizonte a preparação dos "jovens cidadãos para uma integração na vida sociocultural e profissional" (pág. 4).

As metas especializadas enunciadas para a disciplina privilegiam o desenvolvimento de competências de comunicação, o desenvolvimento de atitudes positivas para com a leitura, com especial atenção ao "gosto pela leitura dos textos de literatura", a promoção do conhecimento, designadamente, sobre a língua e sobre "obras/autores representativos da tradição literária" e o desenvolvimento das capacidades de operar com informação (págs. 6 e 7). As opções tomadas articulam-se congruentemente com a ênfase nas "competências" como vector do currículo, uma categoria que tem vindo a conhecer assinalável acolhimento no discurso pedagógico oficial nos últimos anos[20], e envolvem a assunção, como linha de estrutura-

---

domínios. No contexto em que são apresentadas, a expectativa de estas indicações serem interpretadas apenas como "um quadro de referência" é obviamente desajustada.

[20] Uma discussão substantiva deste conceito pode ser encontrada em Perrenoud (1999), designadamente nos capítulos 2 e 3. O conceito de "competência", assumidamente complexo ao pretender integrar atitudes, conhecimentos e capacidades na ideia de "saber em acção", acarreta inevitavelmente uma recontextualização dos "conhecimentos". No campo da educação linguística, este conceito encontra um terreno tanto mais favorável ao seu desenvolvimento quanto a ideia performativa é aqui particularmente sedutora, para

ção, de um conjunto de "macrocompetências" – de "comunicação", "estratégica" e de "formação para a cidadania", derivadas as duas primeiras de um modelo de comunicação "entendido enquanto acção" (pág. 8)[21]. Assim, o Programa filia-se numa linha de conceptualização da educação linguística que tem como princípio nuclear o desenvolvimento da competência comunicativa[22].

Estas orientações e, sobretudo, a forma como são concretizadas no texto programático representam uma mutação de profundo significado, visível sobretudo quando o quadro regulador que geram é contrastado com o preexistente, o qual conferia enorme centralidade ao conhecimento *sobre* a literatura. De facto, um olhar diacrónico sobre o currículo do ensino secundário na Área do Português, ao nível do discurso oficial, permite identificar a permanência, até ao presente, de alguns princípios: i) a literatura constitui um objecto central; ii) a literatura *vale* sobretudo pela sua dimensão cognitiva, embora os objectivos no domínio das capacidades e das atitudes sejam também relevantes; iii) a literatura que importa é a que

---

o que largamente contribui um discurso socialmente dominante que acentua os elementos de crise na avaliação dos efeitos da escola.

[21] No Programa, esta orientação comunicativa aparece a permear de forma radical o próprio domínio do Funcionamento da Língua, sobressaindo aí a vinculação da reflexão ao uso linguístico; a desvalorização do conhecimento *em si* torna-se evidente quando se faz depender "a hierarquização dos conteúdos gramaticais" da "detecção e identificação de problemas", realizadas a partir das produções dos alunos (pág. 27).

[22] O conceito de "competência comunicativa" tem um percurso particular e particularmente interessante no domínio da educação linguística; forjado no quadro da antropologia linguística de Dell Hymes, aquele conceito exerceu um acentuado fascínio e influência no domínio da didáctica das línguas em virtude de "permitir abrir caminho no sentido de uma concepção que superasse o paradigma da 'correcção'", de fornecer "um suporte para colocar em evidência, de forma consistente, o carácter pragmático da acção pedagógica, aspecto particularmente apelativo no caso do ensino da língua materna" e de "permitir aproximar o campo pedagógico do campo da investigação científica, em geral, e linguística em particular, com o acréscimo de legitimidade que daí advinha" (Castro, 1995, pág. 113). Para lá da não explicitação dos pressupostos das macrocompetências de que se fala (pág. 14), este facto sugere algumas interrogações pelo que representa de objectiva desvalorização da "competência de comunicação" ao fazê-la coexistir, num mesmo plano, com as restantes "macrocompetências"; por outro lado, não são exploradas as possibilidades de articulação das competências "estratégica" e de "formação para a cidadania" com a competência de comunicação. Não parece que a listagem de processos de operacionalização resolva completamente o problema, apesar de ela curiosamente apontar para a instituição da competência de comunicação como referencial primeiro.

resulta da valorização de um conjunto significativo e significativamente estável de textos, diacronicamente perspectivado[23].

Ora o que agora encontramos é a emergência de uma nova perspectiva, envolvendo, no que à literatura diz respeito, a instituição de um outro princípio organizador das aprendizagens – as tipologias textuais, vistas como articulador das diferentes competências. O "texto", nas suas múltiplas possibilidades, passa a constituir-se como unidade fundamental, permitindo contemplar a diversidade das situações comunicativas; neste percurso, associa-se o uso, pela consideração das condições pragmáticas, à análise, pela reflexão sobre o que são as características de cada tipo. Se este mesmo princípio, embora não exactamente sob a mesma forma nem com o mesmo impacto, aparecia já em outros programas escolares, é agora que ele se instala como princípio fundamental, um facto que não pode ser desligado de uma nova definição de metas da educação linguística em que ganham relevância novos horizontes de aplicação e implicação das aprendizagens, novas conexões entre a escola e o que está para além dela, outras representações sobre o conhecimento pedagogicamente relevante. A *deslocalização* da literatura a que assim se procede envolve um *reposicionamento* que a inscreve num novo quadro de metas educacionais. Deste facto tem sido produzida uma interpretação que assinala "a tendência de subjugação do texto literário aos paradigmas comunicacionais e utilitários [...] o que levará à desconsideração de dimensões não imediatistas da Arte" (Branco, 2001, pág. 99). Mas outra linha de leitura poderia ser adoptada, assumindo-se que a literatura como exemplo de texto pode contribuir, como assinala Regina Zilberman, porque diluída "no conceito vago de texto e discurso", para reforçar a sua perspectivação "sacralizada pelas instituições que a difundem", acentuando a sua idealização e elitização (Zilberman, 2003, pág. 266). Sobretudo se, como é o caso, a concepção de literatura que aflora, aqui e ali, é a de algo a *acrescentar* aos conteúdos e processos nucleares (cf. Aguiar e Silva, 1998-99, para uma crítica desta posição).

---

23 Aliás, no discurso produzido no campo pedagógico, é praticamente impossível encontrar a defesa da desvalorização da literatura, a depreciação do seu valor formativo, o apelo a uma reconversão significativa do cânone escolar. Ao nível da transmissão pedagógica não parece igualmente que se possa falar de mudanças tão profundas – e um indicador particularmente adequado a este propósito é o da natureza dos manuais escolares que, conforme tem sido amplamente demonstrado, para lá da aparência da diferença se caracterizam por um significativo fundo de semelhança (cf. Dionísio, 2000, caps. III e IV).

A compreensão dos efeitos do processo de reconfiguração que o Programa protagoniza ganha em considerar as formas de apropriação dos seus princípios pelos manuais escolares, instância para que agora volverei a minha atenção, analisando os "livros de Português" editados em 2003, tendo como referência o programa do 10.º ano[24].

4. O discurso constituinte: A recontextualização produzida pelos manuais escolares

O Quadro 1 (ver Anexo) descreve as constelações de recursos de que os "livros de Português" fazem parte, a partir de um conjunto de categorias que pretende captar não só as características dos referidos materiais, mas também as dimensões sobre que se exerce a sua regulação[25]. A análise dos dados que o integram possibilita a identificação das seguintes tendências:

    i) os "livros de Português", numa prática que é sistemática, são disponibilizados como elementos de um conjunto vasto e complexo de materiais instrucionais;

---

[24] A análise foi realizada sobre o universo dos materiais publicados pelas casas editoriais que operam no mercado do livro escolar. Muito pontualmente, não foi possível obter um ou outro elemento desse universo, facto que não prejudicará as conclusões obtidas; em qualquer caso, estas omissões serão sempre devidamente sinalizadas.

[25] Uma opção comummente assumida pelas editoras de livros escolares consiste em disponibilizar a cada docente, durante o período previsto para o processo de adopção dos manuais, juntamente com o "exemplar do professor", apenas certos tipos de materiais, remetendo ao conjunto dos professores de cada escola outros tipos de materiais. Assim aconteceu, por exemplo, no ano lectivo de 2002-2003, com a editora TE; na ocasião, foi enviado aos grupos disciplinares das escolas um pacote de materiais de apoio que incluía uma gramática de português, uma agenda, um CD-Professor correspondente a cada um dos manuais da editora, uma cassete vídeo, um caderno de "material fotocopiável" (com conteúdos heterogéneos destinados a apoiar o trabalho ora do professor ora do aluno, envolvendo sobretudo fichas de observação e avaliação) e, ainda, blocos de transparências de apoio ao trabalho pedagógico estreitamente vinculadas ao "livro de Português", maioritariamente sob a forma de esquemas relativos a tipos ou subtipos de textos ou discursos. Algumas editoras assumem compromissos específicos em caso de adopção dos seus manuais; nesta eventualidade, a editora PE, por exemplo, assegura o envio de uma colecção dos "grandes clássicos portugueses" à biblioteca da escola.

ii) entre os elementos associados ao manual escolar ganham especial relevo materiais que, possuindo existência autónoma, aparecem como *recursos* para as actividades nele previstas;

iii) os "livros de Português" encontram-se umbilicalmente ligados à apresentação de *modos de os usar*, da explicitação dos princípios subjacentes à sua organização à clarificação das suas conexões com outros textos reguladores, da indicação de formas de operacionalização das suas propostas à apresentação de instrumentos de avaliação das aquisições que eles visam garantir;

iv) a indissociabilidade entre o "livro de Português" e as orientações para o seu uso envolve sistematicamente a existência de uma espécie de "guia de utilização" que tem no professor o seu destinatário especializado;

v) neste guia surgem com particular evidência dispositivos relacionados com a avaliação, sob a forma de testes e/ou soluções para os exercícios apresentados quer nos materiais instrucionais auxiliares, quer no próprio "livro de Português".

Este conjunto de tendências configura os manuais escolares desta disciplina como lugares em que são estabelecidas as coordenadas fundamentais de um programa de educação linguística *e* as formas da sua concretização. Assim, procede-se neles, por um lado, a uma explicitação, ainda que variável na sua forma e substância, dos princípios estruturantes das práticas pedagógicas e dos respectivos objectivos, e, por outro lado, à apresentação de conteúdos, declarativos e processuais, de actividades (envolvendo inclusivamente formas de organização temporal do trabalho pedagógico)[26] e de instrumentos de avaliação.

Em síntese, os manuais escolares analisados caracterizam-se por ser de largo espectro, em termos das vertentes das acções pedagógicas que são contempladas (conteúdos, pedagogia, avaliação), e por uma acentuada in-

---

[26] E esta – a das actividades – é também uma esfera em que os manuais intervêm de forma substancial. As actividades – fundamentalmente de leitura e maioritariamente ligadas a tarefas de "interpretação" dos textos incluídos no manual, mas não se limitando àquela prática comunicativa ou àquele objecto – aparecem hoje como uma espécie de *constituinte obrigatório* dos livros escolares, tendo neles uma assinalável expressão quantitativa e qualitativa; este estatuto é reforçado pelos *satélites* dos "livros de Português" que, muitas vezes, têm a forma de propostas de trabalho pedagógico.

tensidade, pois que todas aquelas vertentes têm neles uma presença significativa. Em consequência, os manuais surgem dotados de um elevado potencial de regulação sobre as práticas pedagógicas, um facto cuja interpretação, a partir da concepção de leitor/professor que produz, deve envolver, entre outros aspectos, a consideração da existência de um "movimento em que a *profissão* "professor" vai-se transformando em *trabalho* e o *profissional* em *trabalhador*" (Soares, 2001, pág. 33).

A verificação de que os manuais analisados relevam de um conjunto de opções similares faz crer estarmos perante uma formação discursiva dominante que dará expressão a um modo particular de construir as relações entre distintas instâncias do campo pedagógico caracterizáveis, em termos bernsteineanos, como sendo de enquadramento forte[27]. Ora, a construção de uma posição dominante no interior de uma formação discursiva dominante, exigida pela natureza de produto de consumo dos manuais (ver, a propósito, Apple, 1991), obriga à exibição de marcas de *distinção*, associadas intrinsecamente aos manuais escolares ou extrinsecamente às práticas da sua difusão[28], que visibilizam com grande nitidez aquela natureza. Desde logo, a multiplicação de *acessórios* com diferentes graus de vinculação ao "livro de Português" supõe, no momento da sua adopção, critérios outros que não apenas aqueles que dizem respeito às suas características intrínsecas[29]. Mas quando se considera apenas o

---

[27] Significativa, a este propósito, é a verificação de que não ocorrem no *corpus* "livros de Português" que revistam a forma de antologia, ainda que esta opção possa ser indiciada em algum título.

[28] As disposições recentemente estabelecidas pelo Ministério da Educação sobre a presença, nas escolas, dos agentes editoriais são, a este propósito, esclarecedoras. Na abertura do Seminário "Mudanças na educação", promovido pela Confederação Nacional das Associações de Pais, realizado em Setembro de 2002, o ministro da Educação manifestava a sua oposição às práticas comerciais "escandalosas, ainda que legais" das editoras escolares (cf. *Público* de 29 de Setembro de 2002); na mesma ocasião, o ministro anunciava a sua intenção de retirar alguma margem de manobra às escolas na selecção dos livros. Estas declarações suscitaram, na ocasião, reacção imediata, do sector editorial e dos sectores profissional e sindical. A verdade é que, por Despacho da Secretária de Estado da Educação, datado de 09 de Maio de 2003, a acção dos promotores editoriais nas escolas passou a estar sujeita a regras muito precisas que limitam a sua acção designadamente nos períodos de adopção dos manuais escolares; já quanto ao processo de selecção dos manuais nada de novo foi, entretanto, legislado, mantendo-se em vigor o estipulado no Dec.-Lei n.º 369/90, de 26 de Novembro.

[29] Nesta linha de argumentação deve sinalizar-se a existência de recursos que estão para lá da materialidade imediata mas cuja importância não pode ser ignorada, designa-

"livro de Português", são visíveis outras marcas de diferença: os textos inéditos (de Mia Couto ou Gastão Cruz, em [PS][30], por exemplo), a "revisão científica" (em [AP]) por parte de professores universitários, sobretudo da área dos estudos literários, o recurso a ateliês de *design* altamente prestigiados. Trata-se sobretudo de indicadores de natureza simbólica, com um evidente efeito legitimador, que constituem uma importante mais-valia na construção da posição dominante a que acima me referi.

Consideremos, agora, alguns aspectos da forma como os manuais escolares procedem à interpretação das orientações programáticas.

No Quadro 2 (ver Anexo) encontra-se representada a estrutura externa dos manuais do *corpus*[31]. Uma primeira evidência que se impõe é a de que eles manifestam uma estrutura em que sobressai um núcleo constituído pelas unidades ou sequências didácticas a que se associam rubricas outras que apresentam uma ocorrência mais sistemática ou mais episódica; entre estas, grelhas de apreciação (um óbvio dispositivo de autolegitimação), lugares de explicitação das formas de organização dos livros (testemunho da complexidade dos manuais enquanto objecto textual), fichas informativas, propostas de planificação e de dispositivos de avaliação[32].

Se analisadas a disposição e designação das unidades didácticas de forma a identificar os seus princípios de organização (ver Quadro 3, em Anexo), ficam em evidência opções comuns à generalidade dos manuais escolares analisados, opções que se aproximam muito das que operam no Programa[33]; a instituição dos tipos de texto como critério organizador

---

damente, os apoios que as principais editoras escolares hoje disponibilizam nas suas páginas electrónicas e que cobrem os mais variados aspectos da actividade profissional dos professores.

[30] As siglas que agora uso correspondem aos manuais escolares do *corpus*, descritos na Bibliografia Activa.

[31] A análise do conteúdo dos "livros de Português" ganha em eleger como objecto de uma primeira leitura a sua estrutura externa, aliás, também fortemente reguladora da sua recepção, pela identificação que possibilita das linhas de organização adoptadas e da sua congruência seja com aquilo que os programas escolares propõem seja com as representações dos próprios professores.

[32] Recorde-se que estou de momento a ter em conta apenas aquelas rubricas que têm uma existência autónoma; os dispositivos de avaliação têm, por exemplo, uma existência disseminada em muitos dos manuais analisados.

[33] Apenas três manuais não apresentam cinco unidades, que é o número previsto no programa oficial, incluindo a previsão de uma primeira unidade – Unidade 0 – fundamentalmente dotada de funções diagnósticas e de preparação para as unidades seguintes.

principal é um procedimento claramente dominante[34]. No entanto, este princípio aparece infringido num lugar que é particularmente significativo – refiro-me à instituição, em cerca de um terço dos livros analisados, da lírica camoniana como unidade autónoma, facto que deixa perceber a enorme sensibilidade desta instância: i) à relevância da tradição curricular deste nível de ensino; ii) à centralidade canónica, nessa tradição, da obra poética de Camões; e também iii) aos contornos da polémica em torno das formas de existência da literatura na escola aquando do lançamento e desenvolvimento do processo de "revisão curricular".

Ainda assim, o enquadramento dos textos camonianos passa, agora, a ser outro. Daí que se justifique como movimento subsequente a análise da forma que assume a presença da poesia de Camões nos "livros de Português". A este propósito, uma primeira observação que se impõe prende-se com a verificação de que, sendo a média por manual, no *corpus*, de 13,7 composições (excertos em, alguns, poucos casos, como acontece com as canções), existem acentuadas discrepâncias no número de textos seleccionados. A este facto surge associada uma grande diversidade nos textos escolhidos; de um total de 70 composições que foi possível registar, apenas cinco estão presentes em mais de metade dos livros e apenas uma – o soneto "Erros meus, má fortuna, amor ardente" – aparece em mais de três quartos dos livros analisados. Variedade na representação dos textos e variação no número de textos seleccionados são indicadores significativos de um processo de reestruturação do *corpus* de textos escolares legítimos e, simultaneamente, das margens de liberdade de interpretação do texto oficial que são exploradas pelos manuais escolares[35].

Face ao que antes foi dito acerca dos "livros de Português", se a questão dos textos seleccionados é obviamente relevante, não o será menos a natureza da leitura que para eles é proposta, sendo verdade que essa leitura

---

[34] Tal acontece mesmo naqueles casos em que as designações aparentam ser de base temática, como ocorre em IMA, SEP, P&L ou DPA.

[35] A exploração destas margens, que funcionam como indicador da autonomia relativa dos manuais escolares, pode ser verificada na forma como se concretiza a selecção de poetas portugueses e poetas de expressão portuguesa, prevista como tal no programa oficial, mas sem qualquer indicação dos poetas a antologiar. A análise dos manuais revelou, a propósito, a existência de zonas de consenso, no sentido em que há poetas claramente canónicos, de que Eugénio de Andrade constitui o exemplo maior, acompanhado neste estatuto por Miguel Torga, José Régio e Sophia de Mello Breyner, e um grande número de poetas cuja escolha é pouco partilhada entre os autores dos manuais.

não deixa de ser regulada pela opções tomadas ao nível macroestrutural[36]. Tomo, então, agora, como exemplo o texto camoniano por excelência no *corpus*, o soneto "Erros meus, má fortuna, amor ardente", recorrendo para efeitos de análise a um conjunto de categorias que pretendem registar as estruturas textuais visibilizadas e as operações de leitura mobilizadas (cf. Dionísio, 2000). As categorias de análise serão aplicadas, em primeiro lugar, aos "enquadradores discursivos", particularmente àqueles que, sob a forma de enunciados declarativos, surgem nos questionários que acompanham os textos, dando corpo a actos interpretativos imputáveis aos autores dos manuais, como acontece em "O poeta apresenta-se como vítima de uma conjura. Quem foram os conspiradores?" (Manual PLU; ver Quadro 5, em anexo). Depois, aplicarei as mesmas categorias à descrição das "solicitações", isto é, aos enunciados que, também incluídos nos questionários, sob a forma de perguntas ou ordens, pretendem gerar no leitor actos interpretativos – "O poeta apresenta-se como vítima de uma conjura. Quem foram os conspiradores?"

A consideração dos dados obtidos na sua globalidade (ver Quadro 4, em Anexo) deixa perceber, para lá de óbvias flutuações de manual para manual, a existência de um conjunto de opções fundamentais que, porque significativamente partilhadas, sinalizam a existência de um *modo de ler* dominante. Relativamente à interpretação produzida pelos autores dos manuais, expressa nos "enquadradores discursivos", este modo de ler, no que diz respeito ao nível textual, pode ser caracterizado por privilegiar os aspectos semântico-pragmáticos, tendencialmente mobilizados em função do âmbito global do texto; os aspectos formais são escassamente acolhidos e, quando contemplados, ganham corpo sob a forma de referência aos aspectos retórico-estilísticos. Quando se tem em conta as operações de leitura realizadas, a Síntese surge como operação dominante, com a Identificação e a Inferência a registarem também ocorrências significativas.

A leitura desejada, tendo em conta, portanto, não aquilo que é dito, mas aquilo que é solicitado que se diga sobre o texto pelos leitores em formação, evidencia lugares de confluência e de discrepância com o modo de

---

[36] Na verdade, se um determinado texto aparece, em conjunto com outros, sob uma determinada rubrica, por exemplo, "textos de carácter autobiográfico", a existência deste tipo de princípio organizador não deixa de instituir um determinado horizonte de produção de sentido. Este facto não dispensa, naturalmente, um olhar mais particularizado sobre os dispositivos reguladores da construção de sentidos que operam ao nível dos diversos textos.

ler protagonizado nos enquadradores discursivos. Assim, consideradas as solicitações (ver Quadro 4), quando se observa o modo de concretização do nível textual, são predominantes os aspectos semântico-pragmáticos, de âmbito preferencialmente local, orientação que, porém, não significa a exclusão dos aspectos léxico-gramaticais e do âmbito global da interpretação; relativamente às operações de leitura, quando se passa da leitura *dada* para a leitura *pedida*, assiste-se a um reforço das operações de Identificação e a uma mais clara emergência de operações tipicamente escolares como a Justificação[37]. Ou seja, quando se atenta nas estruturas textuais mobilizadas nos enquadradores e nas solicitações assiste-se a um fenómeno já identificado em outros estudos e que pode ser descrito como uma "divisão social do trabalho interpretativo" (Castro & Dionísio, 2003), trabalho esse, no entanto, no seu conjunto, sempre mais próximo do pólo "parafrástico" do que do pólo "polissémico" (Orlandi, 1999)[38]. Nesta circunstância, continuaremos muito afastados de uma estratégia como aquela que Martins (2003) entende como adequada à "vivificação da experiência literária" – o "diálogo entre subjectividades: a do autor (instância ficcional revelada estritamente pelo texto) e a do aluno (instância interpretativa descoberta a partir do texto" (pág. 116).

Algo que importa, uma vez mais, anotar é que, não se podendo falar de práticas homólogas, é visível que os diversos manuais assentam numa estrutura de princípios comum que gera soluções bastante próximas[39].

---

[37] A escassa expressão de operações de mobilização pode ser vista, na esteira de Olson (1989), como efeito de estratégias de compreensão e produção suscitadas pelas "formas arquivísticas" de linguagem que têm subjacente o deslocamento daquelas formas do sujeito e do contexto de produção, fenómeno que arrasta consigo a transformação do sujeito de participante ("participant") em recipiente ("recipient") (cf. pág. 241).

[38] O estudo conduzido por Cristina Mello sobre práticas escolares de ensino da literatura mostra como é poderosa esta forma de relação com os textos (cf. Mello, 1998, pág. 403).

[39] Aliás, esta formação discursiva parece ser particularmente poderosa dado que ela se revela em sincronias e contextos diversos; tendo-se alterado, como vimos, o enquadramento mais geral das práticas de leitura dos textos, tal facto não parece afectar substancialmente o regime de leitura. Se confrontarmos os textos que aparecem nos manuais de Língua Portuguesa com os textos que aparecem nos manuais de Português A (falamos, em consequência, de manuais que coexistem temporalmente no quadro de percursos de formação não redutíveis entre si), logo encontramos profundas semelhanças. Considere-se, como ilustração do que acabo de afirmar, as propostas de leitura apresentadas em *Plural* e em *Ser em Português* para o soneto de Camões que tenho vindo a tomar como objecto (ver Quadro 5, em Anexo).

Em síntese, relativamente aos modos de produção discursiva da disciplina de Língua Portuguesa que os manuais escolares configuram, serão de relevar os aspectos seguintes:

i) uma representação das relações com outras instâncias discursivas que operam no interior do campo pedagógico, designadamente, professores e alunos, que se caracteriza por ser fortemente reguladora[40];

ii) a construção de uma relação com os programas oficiais que, sobretudo quando se consideram os seus princípios mais gerais de estruturação, dá azo à expressão de uma incorporação significativa de orientações que eles veiculam[41];

iii) a expressão de modos de entender o trabalho pedagógico no âmbito da leitura dos textos literários que se inscrevem numa linha de continuidade com formas de ler que podem ser identificadas nos manuais escolares que os agora analisados vieram substituir.

5. Os *media* e a construção do(s) sentido(s) da Área do Português

As mudanças no currículo do ensino secundário foram acompanhadas nos *media*, sobretudo na imprensa, por um debate que ganhou especial visibilidade no ano de 2001, a propósito da "exclusão" da épica camoniana do programa de Língua Portuguesa do 10.° ano da escolaridade.

A "Questão" de *Os Lusíadas*, ao envolver o mais canónico dos textos canónicos, possibilitou a expressão, por vezes significativamente elaborada, primariamente, de posições e de representações acerca do estatuto e das funções da literatura na escola e, secundariamente, acerca do curri-

---

[40] Da verificação deste facto não pode ser inferida a existência de uma lógica de reprodução entre as diversas instâncias. Como notam M. Apple e L. Christian-Smith (1991), "we cannot simply fully understand the power of texts, what they do ideologically and politically (or educationally for that matter), unless we take very seriously the way students actually read them – not only as individuals but also as members of social groups with their own particular cultures and histories" (págs. 14-15).

[41] A tendência para vincular, na esteira do texto programático, o texto camoniano à escrita autobiográfica com a instituição de "Erros meus, má fortuna, amor ardente" como texto exemplar é a este respeito elucidativa. A escassez de situações em que se promova um enquadramento histórico e/ou periodológico, facto que indicia a crise do paradigma histórico--filológico, é também uma opção que, uma vez mais, encontra amparo no texto programático.

culo e da própria escola. Também por isso, os textos produzidos constituem um material extremamente interessante para submeter a operações analíticas, no sentido de se identificarem e analisarem formações discursivas dominantes e dominadas[42].

Um primeiro aspecto a relevar é que nos textos produzidos são poucos aqueles em que se discorre sobre os motivos da presença de *Os Lusíadas* no ensino secundário; pouco presente no horizonte ficou também a problematização da *razão pedagógica* de *Os Lusíadas*, isto é, das finalidades que o trabalho pedagógico em redor do poema deve perseguir[43]. Nesta perspectiva, e para os participantes na "Questão", é como se tais razões e objectivos estivessem naturalizados, dispensando a *démarche* argumentativa[44],

---

[42] Retomo, aqui, alguns aspectos de um texto que tive ocasião de escrever a propósito da "Questão" (Castro, 2001), relevando as principais orientações então identificadas. Na ocasião, tomei como objecto um *corpus* constituído a partir de algumas das publicações portuguesas de referência, composto por um conjunto de textos particularmente variado, um excelente indicador da dimensão que a "Questão" assumiu: editoriais e colunas de opinião, mas também entrevistas, inquéritos e, até, *cartoons*. Os textos que agora aqui recupero aparecem indicados na Bibliografia Activa, sendo referidos no corpo do artigo por siglas que identificam os seus autores.

[43] Os poucos textos que instituíram este tópico como objecto seleccionaram argumentos que sustentam predominantemente a "funcionalidade" linguística do texto: "Houve um tempo em que, antes de sabermos ler, aprendíamos de cor alguns versos de Camões. Havia nas casas exemplares encadernados de *Os Lusíadas*. Aprendia-se a língua a dividir orações, é certo. Mas aprendia-se [Agora] é preciso não maçar a juventude. Mesmo que a língua [...] se transforme em urros e palavrões" [MA]. Note-se, como sinal da pelo menos aparente dificuldade em se pensar integradamente as várias dimensões do problema, que existiu uma clara fractura entre aqueles que buscaram a afirmação da importância da presença do texto na escola – e aqui o argumento foi sobretudo de natureza cultural e ideológica, e aqueles que afirmaram metas pedagógicas – ainda que tacitamente, dominou aqui o argumento comunicativo.

[44] Este processo de naturalização subsume uma escusa – a de pensar que são hoje outras, eventualmente muito distintas, as condições de recepção dos textos clássicos; é esta necessidade de repensar essas novas condições que aparece, por exemplo, subjacente ao seguinte diagnóstico de António Branco – "por que motivo elejo como inimigo do estudo dos clássicos da Literatura Portuguesa (em qualquer nível de ensino considerado) os preconceitos estético-literários subentendidos nas práticas pedagógicas vigentes, e a que subjaz a ideia de que o texto clássico tem uma qualidade óbvia? Porque, se talvez seja verdade que eles não impediram a aproximação dos jovens do passado à literatura (quando a população escolar era, também ela, maioritariamente oriunda de núcleos familiares social e culturalmente minoritários), estão, nas actuais palavras escritas e ditas de muitos professores [...] a produzir efeitos em tudo contrários aos bem intencionados objectivos educativos" (Branco, 1999, pág. 3).

substituída pelas referências à "absoluta primordialidade" da obra de Camões [NP1], à sua posição de componente da "base irredutível de todas as culturas que se expressam em Português" [JAB], à sua condição de "símbolo da [...] própria pátria" [IO].

A escassa reflexão sobre as finalidades do trabalho pedagógico tem contraponto numa significativa incidência em aspectos metodológicos[45]; numa perspectiva histórica, prevalece uma visão crítica que se sustenta no questionamento da ênfase colocada nas abordagens sintácticas e do viés ideológico a que o texto foi sujeito – "[na minha geração] A maioria não chegava, na escola, a Camões. E os que chegaram foram vacinados. O zarolho servia para partir orações [...] Alguns de nós viríamos a descobrir que existia um "outro" Camões, menos herói e mais interessante. Mas não era esse, de corpo e erro, que aprendemos. Na escola aprendíamos a pátria e a gramática por via de 'Os Lusíadas' " [MP]. Dominante é, também, uma visão céptica sobre o que contemporaneamente se passa nas escolas e nas aulas e sobre os efeitos correspondentes: "O que hoje, em geral, temos são escolas que se organizam e funcionam como imensos necrotérios, onde os alunos, diariamente, penosamente, são chamados a empunhar o bisturi dos gramáticos e dos exegetas literários, para autopsiar textos que, frequentemente, nada lhes dizem" [AFS][46].

Em qualquer caso, o que importa aqui relevar é o acento crítico que aparece a marcar as formas de pedagogização da épica, não circunscritas a um tempo particular; o que vai ficando sob observação é, na realidade, algo que está para lá dos circunstancialismos da "revisão curricular". De facto, a análise dos textos que concretizaram a questão permite verificar que, mais do que *Os Lusíadas*, o que verdadeiramente esteve em equação foi a questão da literatura na escola, do seu estatuto e das suas funções, assunto explorado em cerca de 40% dos textos produzidos, sendo que um argumento que frequentemente funda a "defesa da literatura" é o da sua relevância para o desenvolvimento das competências de comuni-

---

[45] Este facto é tanto mais significativo quanto é reconhecida a escassez de produção e reflexão sobre esta temática, apesar de algum revigoramento recente do trabalho nesta área (cf. Serôdio, 1999; Bernardes, 1999, 2000; Fraga, 2000).

[46] Importa anotar que a realidade que se devolve pode chegar a ser profundamente antagónica e contraditória, efeito de um acesso eventualmente diferenciado a essa mesma realidade. É assim que ora se lamenta o facto de "ter sido posta de lado a História Literária" [NJ] ora se questiona a imposição "aos alunos [de] doses maciças de história literária [...] tornando inevitável que o texto literário, enquanto objecto estético [...] seja o grande ausente da sala de aula" [VAS].

cação verbal[47]. O olhar crítico projectado sobre os modos de existência da literatura na escola envolve, por vezes, a consideração das características do contexto em que a "Questão" emerge e se desenvolve, focalizando-se, então, ora a escola, ora o contexto social mais alargado[48]; quando se procura, episodicamente aliás, um investimento explicativo que se ancore no extraescolar, aquilo que se perspectiva é também um cenário de crise – e, então, a "exiguidade canhestra do que ouvimos falar à nossa volta" [EPC] encontraria a correspondência adequada na constatação de que "o espaço da literatura tem vindo a diminuir em todo mundo, a deslegitimar-se e a ser substituído por uma ideologia comunicacional que mistura tudo numa noite em que todas as vacas são pardas", gerando como efeito que deixam de ser perceptíveis "as diferenças de qualidade entre a literatura de "engate" (a de Margarida) e a literatura de "engaste" (a de Agustina)" [AC].

Não se esgotou, porém, neste movimento a discussão nos *media* em torno do Português no Ensino Secundário. Dois movimentos subsequentes

---

[47] Este argumento pode aparecer isolado – "de pouco tem valido, até agora, recordar que a literatura é a plenitude da língua e que, a partir da primeira, se pode aprender muito mais do que a preencher impressos ou consultar horários de comboio, competências que agora se apresentam como exemplos de metas a alcançar no ensino secundário" [JAB] –, associado à promoção da "formação cultural" dos alunos – "considero tanto os textos dos autores clássicos como os textos dos autores contemporâneos [...] essenciais para a aprendizagem da língua e para a formação cultural e literária dos jovens que frequentam as nossas escolas" [LB], ou à afirmação do potencial de socialização da literatura: "a revelação ao leitor de factos, acontecimentos, personagens, sentimentos a que ele directamente não tem acesso por afastamento no tempo ou no espaço [...] pode revestir-se de pura e directa utilidade [...] de melhoria de relacionamento com o mundo em redor" [RC]; objectivos de natureza atitudinal podem também ser convocados – "Defender a literatura [é] acreditar que o leitor por vir não é uma causa perdida, que o amor à leitura se partilha, cresce e ramifica, que o Estado tem de possibilitar o acesso aos livros e de criar condições para os dar a ler com prazer e que tudo isso passa pela escola" [ALC].

[48] No primeiro caso, é muito frequente (um quarto dos textos refere-se-lhes expressamente) um diagnóstico profundamente pessimista sobre os resultados obtidos pela escola – "O sistema de ensino tem dado à luz gerações de analfabetos funcionais" [JJ]. Este tipo de apreciação sobre o papel da escola surge sustentado num argumento que, pela frequência com que é convocado, permite percebê-lo como expressão de um princípio dominante – "a ideia de que "tanto faz" esconde outra também preocupante [...] a ideia de facilidade [...] completamente insane no que toca à educação. Sustentar que no plano educativo se deve motivar os alunos para o prazer de aprender e compreender é, sem dúvida, bastante louvável. Mas pretender que toda a educação se faça sem esforço, sem apelo ao trabalho e à dificuldade tem sido um péssimo serviço prestado" [HM].

vão ainda ocorrer, pautados ora pelo calendário político, ora pelo calendário escolar.

No quadro do debate público da proposta de Reforma do Ensino Secundário apresentada em Novembro de 2002, surgiu na imprensa de referência um novo conjunto de textos, não muito expressivo em número, porém, sobre a questão do Português[49]. São textos sobretudo produzidos por professores universitários, maioritariamente da área dos estudos literários, ou por críticos literários. Tendo como tópicos fundamentais o estatuto e as funções da literatura na escola, tais textos aparecem maioritariamente orientados pela tentativa de contrariar a separação curricular entre Língua e Literatura e a transformação da Literatura Portuguesa numa disciplina opcional no Curso de Línguas e Literaturas. A sua análise possibilita a identificação de uma estrutura de argumentos em que sobressai a consideração das possibilidades da literatura como "capital de intervenção formativa, numa acepção [...] humanista" [CR], como forma de conhecimento, ao permitir aceder à "configuração e reconfiguração da experiência histórica e trans-histórica de comunidades humanas muito diversas" [MG], como meio de promoção do desenvolvimento da linguagem, pois nela "podemos encontrar a invenção de 'jogos de linguagem'" [MG], como meio de promoção do desenvolvimento pessoal, dado que a literatura potencia "as etapas de desenvolvimento emocional e cognitivo próprias dos adolescentes" [ASS]. De facto, genericamente, as posições assumidas caracterizam-se: i) pela defesa da relevância da literatura como domínio disciplinar especializado no currículo do ensino secundário, ainda que no quadro de novas relações interdisciplinares; ii) pela afirmação do

---

[49] Este número foi, ainda assim, mais significativo do que os textos correspondentes para qualquer outra disciplina ou área curricular, facto que não pode ser desligado, uma vez mais, da centralidade da Área do Português, com a natureza opcional da disciplina de Literatura Portuguesa a surgir como elemento detonador de algumas posições, tendo sempre e ainda como pano de fundo a "Questão" de *Os Lusíadas* (ver, porque exemplar a este propósito, o texto de Augusto Santos Silva intitulado "A literatura expulsa do ensino secundário?", *Público*, 14 de Dezembro de 2002). Para além dos textos de imprensa, outras posições tiveram expressão pública, articulando-se, de forma diversa, com aqueles; cabe destacar, a este propósito, a tomada de posição do Departamento de Literatura da Faculdade de Letras de Lisboa e de professores da Faculdade de Letras do Porto. Ainda nesta ocasião, foi enviada uma carta ao Ministro da Educação, subscrita por um significativo número de escritores, professores e intelectuais, manifestando posição contrária à decisão de transformar a disciplina de Literatura Portuguesa em disciplina opcional (ver *Público* de 25 de Janeiro de 2003). Também a revista *Relâmpago* editou, em 2002, um número dedicado ao tema "a poesia no ensino".

"valor formativo" da literatura; iii) pelo reconhecimento de que as condições de existência da literatura, no quadro sociocultural mais vasto e também na escola se encontram em transformação; iv) pela verificação de que hoje, no terreno da educação, se confrontam diferentes modos de conceptualização do estatuto, das funções e do âmbito da literatura.

A discussão em redor da Área do Português na imprensa teve nova erupção no início do ano lectivo de 2003-2004, desta feita a pretexto do conteúdo de alguns dos manuais escolares entretanto adoptados nas escolas. O ponto de partida foi a verificação da presença num desses manuais do regulamento do concurso televisivo *Big Brother*, embora fosse claro, desde o início, que algo mais estava em jogo[50].

Na verdade, operou-se frequentemente por sinédoque, sendo o regulamento do concurso de televisão tomado como exemplo central a sustentar a argumentação produzida. Exemplo do fechamento de perspectivas sobre o mundo que assim se produz[51], exemplo da subordinação da escola ao sistema mediático, subordinação que acabará por configurar a cultura escolar legítima. Esta questão, em alguns textos, surge com particular relevo: "A pouco e pouco, a lógica da televisão invade os livros de estudo – que começam, também eles, a tabloidizar-se. A "cultura tablóide" toma conta de tudo; já não é um subproduto, é toda a "cultura" disponível" [EXP], algo que constituirá uma perversão das próprias funções da escola[52].

---

[50] Num texto que publica no *Jornal de Letras* de 3 de Setembro de 2003 – "Os perigos do facilitismo" –, Maria do Carmo Vieira, uma das vozes geradoras desta nova fase do debate, procura sustentar, a partir da inventariação de certos aspectos dos manuais escolares, "o absurdo da prática deste novo programa"; entre os aspectos assinalados encontram-se a selecção de textos realizada, as ilustrações que eles acolhem, os conceitos linguísticos que convocam ("que ilustram uma inútil abordagem linguística"), os quais mostram como, na perspectiva da autora, se terá trocado "uma mão cheia de literatura por uma mão cheia de coisa nenhuma". Nas declarações que presta ao *Expresso* de 25 de Outubro, esta mesma professora não faz uma única referência ao problema do regulamento, apenas introduzido pela voz da jornalista, centrando antes a sua argumentação no questionamento das opções curriculares e programáticas.

[51] Em editorial do *Público*, escrevia Nuno Pacheco: "Porque teimamos nós em ensinar aos jovens o que eles já conhecem em demasia, em lugar de lhes abrir mundos que amanhã farão deles algo mais do que simples vegetais com B. I. e cartão de crédito?" [NP2].

[52] Neste contexto, a questão dos textos legítimos surge com particular acuidade: "ao ministério caberá também defender uma ideia de língua, de cultura e de literatura onde não seja sequer possível alguém considerar a remota hipótese de que textos como os do BB constituem objectos legítimos de estudo para adolescentes que foram entretanto eximidos ao "difícil" conhecimento, por exemplo, dos clássicos" [HCB]. Em contracorrente, há

Exemplo, ainda, da escusa do Estado em utilizar mecanismos de controlo da qualidade dos materiais instrucionais, posição que, chega a reconhecer-se, arrasta consigo a deslocação da decisão para fora da esfera pedagógica[53]. Exemplo também dos efeitos inevitáveis do programa escolar em vigor, caracterizado pelo "utilitarismo discursivo", "que visa educar o adolescente na técnica de bem escrever um texto não-literário", que se propõe o ensino da língua "sem aproveitar os seus usos mais lapidados" [CC], um programa que promove "a subalternização da literatura com o seu enquadramento nas diferentes tipologias de texto" [MCV]; argumento justaposto a um outro que valoriza a atribuição à escola de outras funções – "À escola o que à escola é devido, isto é, a aprendizagem do cânone. [...] A escola serve, ou deveria servir, para transmitir a todos, aos filhos dos

---

quem considere que a "mediatização da sociedade deveria motivar ministério e professores a empenhar-se na literacia audiovisual, fornecendo ferramentas de descodificação das imagens e sons dos "media", e não na entretenização de conteúdos e métodos" [ECT].

[53] "O problema principal que esta questão levanta é que as decisões sobre os livros escolares passaram do campo pedagógico para o terreno comercial. Não está em causa o que possa ser melhor ou pior para os alunos – mas apenas o que tenha condições para vender mais e fazer mais dinheiro" [EXP]. Um dos aspectos novos que emergiu neste momento da discussão foi precisamente a questão do controlo sobre o conteúdo dos manuais escolares. A legislação em vigor (Decreto-Lei n.º 369/90, de 26 de Novembro) prevê a existência de "comissões científico-pedagógicas para apreciação da qualidade dos manuais escolares" (art.º 6.º), no quadro da atribuição ao Ministério da Educação da responsabilidade pela garantia da sua qualidade. Esta orientação nunca foi cabalmente concretizada, ficando, de facto, nas mãos dos professores, em cada escola, a decisão a tomar relativamente à escolha dos manuais. Esta escolha é orientada por um documento produzido pelo Ministério da Educação de natureza muito vaga e muito pouco centrado em questões pedagógicas ou de conteúdo académico. Por outro lado, as condições em que a escolha é realizada são muito adversas, dado o escasso tempo de que os professores dispõem, a inexistência de instrumentos analíticos aferidos e os condicionalismos decorrentes das estratégias de *marketing* com que as editoras escolares operam. Estes circunstancialismos tornam especialmente premente a existência de práticas de avaliação dos manuais escolares por equipas independentes; aliás, o próprio ministro David Justino chegou a anunciar a sua intenção de as constituir, vindo mais tarde a abandonar esta ideia, face aos custos financeiros envolvidos; em declarações ao *Expresso*, em 15 de Novembro de 2003, afirmava: "Não é só ser muito caro: também não há gente suficiente para fazer essa tarefa em tempo útil. É mais importante divulgarmos os resultados dos manuais que foram mais adoptados e menos adoptados. Sei que o mais adoptado não é necessariamente o melhor, mas, pelo menos, tivemos milhares de professores a avaliarem aqueles manuais e a justificarem a sua adopção. Mas há uma coisa – a certificação da qualidade – que gostava de lançar. Ou seja, sempre que um editor proponha adquirir a certificação de qualidade, o Ministério define uma comissão para fazer a avaliação desse manual e dá, ou não, o selo de qualidade".

ricos e aos filhos dos pobres, o património cultural", dado que é aí, por exemplo nas obras literárias, que podem ser encontradas "a beleza da língua, a complexidade do real ou a sofisticação psicológica" [MFM].

A análise evidencia, pois, a presença de um conjunto de textos que se inscrevem fundamentalmente numa lógica reactiva e de confrontação com as opções materializadas no texto programático e com certas formas de interpretação que ganharam corpo nos manuais escolares correspondentes. Aquela confrontação define como lugares de divergência: i) em primeira instância, o estatuto da literatura no currículo; ii) depois, a subordinação do programa a uma lógica "discursiva"; iii) por fim, efeito de um olhar mais abrangente sobre o problema, a selecção de cultura que a escola realiza, ou deve realizar, designadamente em confronto com o sistema mediático.

Os textos que surgiram nos *media* motivados pelo desenvolvimento do processo de revisão/reforma curricular do ensino secundário, fundamentalmente protagonizadas por sujeitos com uma inscrição específica nos campos científico e mediático, possibilitam um mapeamento dos diversos campos discursivos que operam na construção do currículo e, bem assim, da sua inter-relação; nomeadamente, permitem identificar a permanência e a reafirmação de um corpo de argumentos que nos devolvem uma representação determinada das funções cometíveis ao ensino secundário e das funções atribuíveis às disciplinas que aí concretizam a Área do Português.

Entre eles encontra-se, primacialmente, a afirmação do valor simbólico que a literatura possui, independentemente da sua conceptualização como lugar prioritário de experiência linguística, cognitiva, social ou estética. A literatura de que então se fala é, fundamentalmente, a literatura canónica, a dos "grandes autores", cujo estudo aparece como garantia de inscrição numa tradição cultural específica, como garantia da apropriação do património cultural da comunidade histórica em que os jovens estão localizados. Nesta medida, de forma mais ou menos tácita, o que se questiona é a relevância das orientações que privilegiam o desenvolvimento das competências de comunicação, embora o poder desta representação apareça a contaminar a "defesa da literatura". A defesa destes princípios aparece, por outro lado, estribada numa representação específica do que é hoje a escola, lugar onde imperariam a facilidade e o lúdico, em detrimento de valores como a disciplina e o trabalho, sendo a reconversão dos conteúdos a que o novo currículo dá corpo entendida como congruente com tal estado de coisas.

6. A Área do Português no Ensino Secundário: Tensões e linhas de desenvolvimento

Este texto partiu de um pressuposto que se pretende tornar evidência: a prática social que designamos como "ensinar português" está hoje atravessada por profundas tensões que se materializam na coexistência, que é concorrencial, de modos às vezes radicalmente distintos de a conceptualizar e praticar. Tais tensões e os sinais que as revelam tornaram-se particularmente claros a propósito das formas de existência da Área do Português no quadro da "revisão/reforma do ensino secundário", desenvolvida em Portugal a partir de 1997.

As posições reconhecíveis a propósito, para lá de assentarem em entendimentos específicos sobre o que é uma língua, sobre o que são os sujeitos na sua relação com ela, relevam de concepções particulares acerca daquilo que significa ensinar e aprender Português nas escolas, supõem valores e assunções relacionados com o que são os papéis de alunos e professores neste processo e com factos política e socialmente mais vastos. Retomando aquele que tem sido um tópico que tem suscitado, explicita ou tacitamente, diferentes tomadas de posição, a "abertura da aula de português à pluralidade dos discursos" não é desarticulável de certas assunções sobre a disciplina de Português e as funções da educação; o mesmo se diga a propósito da defesa da gramática na escola assente numa perspectiva em que ela é predominantemente olhada como dispositivo de regulação do uso linguístico.

Louise Poulson (1998), num texto que realiza um levantamento particularmente estimulante das questões relacionadas como ensino do inglês, ecoando representações produzidas pelo Bullock Report (Bullock, 1975), elenca três finalidades principais que aquela disciplina pode cumprir: de natureza funcional – quando elege como prioridade a capacitação no domínio da escrita e da leitura e a preparação dos alunos para os papéis de cidadãos e de trabalhadores; de natureza cultural e humanística – quando enfatiza o desenvolvimento de capacidades intelectuais e promove a aquisição de valores morais, culturais e estéticos; de natureza crítica – quando se orienta para a promoção da compreensão acerca da sociedade e da cultura em que se vive e da identificação do papel que os sujeitos podem desempenhar na sua construção e mudança[54].

---

[54] Algumas observações a propósito. Não parece que se possa aqui falar de orientações mutuamente exclusivas – mais adequadamente se falará de orientações dominantes

As diferentes perspectivas tenderão a seleccionar mais certos objectos do que outros. Num certo sentido, os movimentos de reposicionamento da "língua" e da "literatura" no currículo, com a ênfase a ser colocada ora no desenvolvimento das habilidades verbais, ora no desenvolvimento pessoal, são por vezes vistos como sinal de uma forma específica de resolução do confronto entre as perspectivas "mais funcionais" e as perspectivas "mais humanistas". Esta leitura, porém, parece-me excessivamente simplificadora dada a multiplicidade dos olhares possíveis; certamente que o olhar sobre o objecto língua será um se o objectivo que o orienta for o de garantir a aquisição de uma representação formal da língua; será já outro se a intenção for a de criar condições para o desenvolvimento de um olhar crítico sobre a linguagem e os seus usos e, por arrastamento, sobre o mundo. Identicamente, a literatura pode ser perspectivada ora enquanto documento ou monumento, ora como lugar de exploração de mundos e, nestes, de mundos de linguagem.

O currículo do ensino secundário agora em desenvolvimento produz respostas específicas para algumas destas questões, respostas que têm sido confrontadas com as produzidas em outros campos. No caso concreto dos *media*, elas foram aí objecto de uma ampla reacção, projectando efeitos, uns mais aferíveis do que outros, no interior do próprio campo pedagógico[55].

A verdade é que o conteúdo do debate sobre a literatura na escola, nas suas linhas de argumentação dominantes, aparenta ser pouco congruente com um conjunto de aspectos com que hoje se confronta a existência escolar da literatura. Em primeiro lugar, a questão dos públicos; a profunda he-

---

e dominadas. Naturalmente, ainda, a ênfase nas diferentes perspectivas varia de acordo com o nível do currículo e com as características dos próprios alunos. Em qualquer caso, aquelas diferentes posições são referenciáveis a distintos quadros de valores acerca do que são as funções primeiras da disciplina. Este tópico tem sido objecto de abundante literatura em Inglaterra, centrada na discussão das finalidades, do conteúdo e da natureza do conhecimento característico do Inglês (ver, nomeadamente, Cox, 1991; Brindley, 1994; Brumfit, 1995).

[55] Considere-se, por exemplo, o efeito que teve a polémica mais recente, já aqui referida, acerca da inclusão no manual *Comunicar*, da Porto Editora, do regulamento do Concurso *Big Brother*; em carta aos professores, as autoras concluem afirmando que "pelo respeito imenso que devemos a todos os colegas e porque compreendemos que poderão sentir-se constrangidos com as proporções que o assunto assumiu nos meios de comunicação social, decidimos substituir a página em causa, pelo que enviamos o regulamento de outro programa televisivo, que poderão abordar em alternativa, e que substituirá em reedições futuras a página 34 do manual".

terogeneidade dos públicos escolares, com as categorias meio, género e etnia a actuarem como configuradores de visões do mundo divergentes, às vezes, profundamente divergentes, não interactua facilmente com as práticas normalizadoras que a escola produz da leitura da literatura.

Depois, a questão do mandato da escola, hoje em processo de redefinição, implicando o confronto de "programas" ora mais preocupados em garantir "a leitura do mundo juntamente com a leitura da palavra referida ao mundo" (Freire & Silva, 1999), ajustados à produção de um olhar sobre a língua e sobre a literatura que valorize o seu potencial de lugar de experiência linguística, cognitiva, social ou estética, ora mais preocupados com a produção do que James Gee caracteriza como "knowledge workers" who must bring technical, collaborative and comunication skills to the workplace" (Gee, 1996, pág. 36), programa hoje dominante. Em relação com este facto, as funções da literatura anteriormente prevalecentes – factor de coesão nacional, de "integração" social, de garantia da consolidação, na escola, da língua legítima, de lugar de "refinamento do gosto" – entraram inevitavelmente em crise.

As transformações em curso acabam por afectar, num outro sentido, a forma da recepção da literatura na escola; os modos como nela são lidos os textos literários não podem ser pensados desconsiderando a proliferação de manuais escolares a que antes me referi, os quais, genericamente têm vindo a reforçar práticas em que "a literatura é miniaturizada na condição de texto" (Zilberman, 2003) e, por outro lado, é transformada "em texto informativo, em texto formativo, em pretexto para exercícios de metalinguagem" (Soares, 2003); estes materiais são, no essencial, um efeito do mercado, naturalmente associado a mecanismos que operam no campo pedagógico, como é o caso dos exames nacionais, esse lugar fundamental de expressão do mandato da educação. Uma das mais importantes implicações deste facto é que, dadas as características dos manuais escolares, eles acabam, muitas vezes, por promover uma deslocação dos lugares de construção do currículo para as margens ou para fora da escola.

Nas análises produzidas, um tópico não suficientemente explorado é o das possibilidades e das condições de existência da literatura neste novo quadro educativo e social[56]. A formação discursiva dominante nos *media*

---

[56] Nesta perspectiva, entendo serem redutoras explicações que reduzem o problema a uma espécie de "conflito de pedagogias" de que resultariam três factos principais: i) a

elide as relações entre aquilo que se propõe que a leitura da literatura seja e aquilo que são as circunstâncias em que ela escolarmente existe ou, inclusivamente, se pretende que exista. Com frequência, o que se produz é a defesa da literatura com base no seu valor de uso e a defesa de um contexto para a sua existência em que os valores simbólicos têm sobretudo um valor de troca; é esta equação irresolúvel que se formula quando se afirma o potencial educativo e formativo da literatura e, em simultâneo, se advoga a construção de uma escola dotada de dispositivos de vocação normalizadora que, como disse noutro lugar, "contribuem para que as práticas de leitura, e não só de leitura de literatura, sejam o que hoje são – sucedâneos de leitura" (Castro, 2001). Por outras palavras, assumindo-se a literatura como "[p]rática desestabilizadora", como prática que "não retira nem impõe crenças, mas suspende-as, deixando-nos (a nós, leitores) a liberdade e a responsabilidade, isto é, o direito de respondermos" (Lopes, 1994, pág. 480), a pergunta pertinente é: em que escola poderá ela existir assim?

Neste contexto, o que suscita interrogações e perplexidades é verificar a popularidade de argumentos que propõem uma espécie de regresso a uma mítica idade do ouro, ignorando a historicidade da escola e dos saberes escolares. O desafio mais estimulante é, no entanto, outro: privilegiar uma visão que implique a diversificação das circunstâncias e dos objectos envolvidos na relação com a linguagem na escola porque "how one becomes literate – what one learns of the sites, locations, practices of writing and reading – will greatly constrain how one conceives the potential of literacy" (Luke, 1988).

---

literatura está em perda na escola e esta perda é provocada deliberadamente pelos "pedagogos" (cf. Álvares & Diogo, 1977); ii) a escola é ineficaz na promoção da literatura e esta ineficácia encontra explicação no tipo de práticas pedagógicas que são desenvolvidas (cf. Mello, 1998); iii) a literatura diz pouco aos jovens de hoje cujos centros de interesse se encontram deslocados para outros lugares.

REFERÊNCIAS BIBLIOGRÁFICAS

Bibliografia Passiva

AFONSO, Almerindo J. (2000). Políticas educativas em Portugal (1985-2000): A reforma global, o pacto educativo e os reajustamentos neo-reformistas. In Afrânio Mendes Catani & Romualdo Portela de Oliveira, Orgs., *Reformas educacionais em Portugal e no Brasil*. Belo Horizonte: Autêntica.

AGUIAR E SILVA, Vítor (1998-1999). Teses sobre o ensino do texto literário na aula de Português. *Diacrítica*, 13-14.

ÁLVARES, M.ª Cristina & DIOGO, Américo Lindeza (1997). *Que saudades que eu já tinha da minha alegre casinha... Das humanidades na nova universidade*. Braga: Irmandades da Fala da Galiza e Portugal.

ANTUNES, Fátima (2000). Novas instituições e processos educativos. A reforma portuguesa do ensino secundário no contexto comunitário (1988-1996). In J. Augusto Pacheco, Org., *Políticas educativas. O neoliberalismo em educação*. Porto: Porto Editora.

APPLE, Michael & CHRISTIAN-SMITH, Linda (1991). The politics of the textbook. In Michael Apple & Linda Christian-Smith, Eds., *The politics of the textbook*. New York: Routledge.

APPLE, Michael (1991). The culture and commerce of the textbook. In Michael Apple & Linda Christian-Smith, Eds., *The politics of the textbook*. New York: Routledge.

AZEVEDO, Joaquim & ALVES, José Matias (1995). Imagens do ensino secundário. In Joaquim Azevedo, Coord., *O ensino secundário em Portugal*. Lisboa: Conselho Nacional de Educação.

BENAVENTE, Ana, Coord. (1996). *A literacia em Portugal. Resultados de uma pesquisa extensiva e monográfica*. Lisboa: Fundação Calouste Gulbenkian; Conselho Nacional de Educação.

BERNARDES, José Augusto (1999). *Os Lusíadas* e a pedagogia dos valores. In Cristina Mello, Coord., *I Jornadas Científico-pedagógicas de Português*. Coimbra: Instituto de Língua e Literatura Portuguesas da Faculdade de Letras; Almedina.

BERNARDES, José Augusto (2000). A investigação e a didáctica da lírica de Camões. In AA. VV., *Didáctica da língua e da literatura. Vol. I*. Coimbra: Almedina.

BERNSTEIN, Basil (1990). *The structuring of pedagogic discourse. Vol. IV. Class, codes and control*. London: Routledge.

BOURDIEU, Pierre (^{3}1994). *O poder simbólico*. Lisboa: Difel.

BRANCO, António (1999). *Pedagogia do cânone literário escolar: Adequação e violência, rejeição e desejo*. http://www.ectep.com/literacias/canone.html

BRANCO, António (2001). O programa de Literatura Portuguesa do Ensino Secundário: O último reduto? *Revista Portuguesa de Educação*, 14 (2).

BRINDLEY, Susan, Ed. (1994). *Teaching English*. London: Routledge/Open University.

BRUMFIT, Christopher, Ed. (1995). *Language education in the national curriculum*. London: Basil Blackwell.

BULLOCK, Alan, Ed. (1975). *A language for life*. London: HMSO.

CASTRO, Rui Vieira de & DIONÍSIO, M.ª de Lourdes (2003). A produção de sentido(s) na leitura escolar. Dispositivos pedagógicos e estratégias discursivas no "trabalho interpretativo". In Heloísa Moraes Feltes, Org., *Produção de sentido. Estudos transdisciplinares*. São Paulo: Annablume; Porto Alegre: Nova Prova; Caxias do Sul: EDUCS.

CASTRO, Rui Vieira de (1995). *Para a análise do discurso pedagógico. Constituição e transmissão da gramática escolar*. Braga: Universidade do Minho.
CASTRO, Rui Vieira de (2001). A "Questão" de Os Lusíadas. Acerca das condições de existência da literatura no ensino secundário. *Diacrítica*, 16.
CHOPPIN, Alain (1992). *Les manuels scolaires. Histoire et actualité*. Paris: Hachette.
COX, Brian (1991). *Cox on Cox. An English curriculum for the 1990's*. London: Hodder & Stoughton.
DIONÍSIO, Maria de Lourdes (2000). *A construção escolar de comunidades de leitores*. Coimbra: Almedina.
DELGADO-MARTINS, Maria Raquel; COSTA, Maria Armanda & RAMALHO, Glória (2000). Processamento da informação pela leitura e pela escrita. In Maria Raquel Delgado-Martins, Glória Ramalho & Armanda Costa, Org., *Literacia e sociedade. Contribuições pluridisciplinares*. Lisboa: Caminho.
DOMINGOS, Ana Maria; BARRADAS, Helena; RAINHA, Helena & NEVES, Isabel Pestana (1986). *A teoria de Bernstein em sociologia da educação*. Lisboa: Fundação Calouste Gulbenkian.
ESCOLANO BENITO, Agustín (2002). The historical codification of the manualistics in Spain. *Paedagogica Historica. International Journal of the History of Education*. New series. Vol. XXXVII (1).
FERNANDES, Domingos & MENDES, M.ª do Rosário, Orgs. (1998). *Conferência Internacional. Projectar o futuro: Políticas, currículos, práticas*. Lisboa: Ministério da Educação/Departamento do Ensino Secundário.
FERNANDES, Domingos & MENDES, M.ª do Rosário, Orgs. (1999). *Ciclo de conferências. Comunicações*. Lisboa: Ministério da Educação/ Departamento do Ensino Secundário.
FERNANDES, Domingos (1998). Algumas questões de desenvolvimento do ensino secundário. In Domingos Fernandes & M.ª do Rosário Mendes, Orgs. (1998).
FERNANDES, Domingos; NEVES, Anabela & GIL, Dulcinea, Orgs. (1998). *Reflexões de escolas e de professores*. Lisboa: Ministério da Educação/Departamento do Ensino Secundário.
FERNANDES, Domingos; NEVES, Dulce; ROQUE, Helena & PAIS, Paulo, Orgs. (1999). *Análise das Consultas aos Parceiros Educativos*. Lisboa: Ministério da Educação//Departamento do Ensino Secundário.
FRAGA, Maria do Céu (2000). Para uma pedagogia renovada de Os Lusíadas. In AA. VV., *Didáctica da Língua e da Literatura, Vol. II*. Coimbra: Almedina.
FREIRE, Paulo & SILVA, Ezequiel Theodoro (1999). Da leitura do mundo à leitura da palavra. Entrevista de Paulo Freire a Ezequiel Theodoro da Silva. In Valdir Heitor Barzottto, Org., *Estado de leitura*. Campinas: Mercado de Letras; Associação de Leitura do Brasil.
GEE, James Paul (1996). *Social linguistics and literacy. Second editon*. London: Falmer Press.
GOODSON, Ivor F. (1994). *Studying curriculum*. Buckingam: Open University Press.
JOHNSEN, Egil (1993). *Texbooks in the Kaleidoscope. A critical survey of literature and research on educational texts*. Oslo: Scandinavian University Press.
LAJOLO, Marisa & ZILBERMAN, Regina ([2]1998). *A formação da leitura no Brasil*. São Paulo: Ática.
LOPES, Silvina Rodrigues (1994). *A legitimação em literatura*. Lisboa: Cosmos.
LUKE, Carmen; DE CASTELL, Suzanne & LUKE, Allan (1989). Beyond criticism: The authority of the school textbook. In Suzanne de Castell, Allan Luke & Carmen Luke,

Language, authority and criticism. Readings on the school textbook. London: The Falmer Press.
LUKE, Allan (1988). The political economy of reading instruction. In Carolyn Baker & Allan Luke, Eds., *Towards a critical sociology of reading pedagogy.* Amsterdam: John Benjamins.
MAINGUENEAU, Dominique (^{3}1997). *Novas tendências em análise do discurso.* Campinas: Pontes.
MARTINS, Manuel Frias (2003). *Em Teoria (A Literatura). In Theory (Literature).* Porto: Âmbar.
MELLO, Cristina (1998). *O ensino da literatura e a problemática dos géneros literários.* Coimbra: Almedina.
OLSON, David (1989). On the language and authority of textbooks. In Suzanne de Castell, Allan Luke & Carmen Luke, *Language, authority and criticism. Readings on the school textbook.* London: The Falmer Press.
ORLANDI, Eni (1999). A produção da leitura e suas condições. In Valdir Heitor Barzottto, Org., *Estado de leitura.* Campinas: Mercado de Letras; Associação de Leitura do Brasil.
PERRENOUD, Philippe (1999). *Construir as competências desde a escola.* Porto Alegre: Artes Médicas.
POULSON, Louise (1998). *The English curriculum in schools.* London: Cassell.
PROTHEROUGH, Robert & KING, Peter (1995). Whose currriculum? In Robert Protherough & Peter King, Eds., *The challenge of English in the National curriculum.* London: Routledge.
RAMALHO, Glória, Coord. (2001). *Resultados do estudo internacional PISA 2000. Primeiro relatório nacional.* Lisboa: GAVE. Ministério da Educação.
RAMALHO, Glória (2002). Portugal no PISA 2000: Condições de participação, resultados e perspectivas. *Revista Portuguesa de Educação,* 15 (2).
RODRIGUES, Angelina (2000). *O ensino de literatura no ensino secundário: Uma análise de manuais para-escolares.* Lisboa: Instituto de Inovação Educacional.
SERÔDIO, Cristina (1999). Práticas de tratamento escolar de Camões lírico. In M.ª Isabel Rocheta & Margarida Braga Neves, *Ensino da literatura. Reflexões e propostas a contracorrente.* Lisboa: Cosmos/ Departamento de Literaturas Românicas da Faculdade de Letras da Universidade de Lisboa.
SIM-SIM, Inês & RAMALHO, Glória (1993). *Como lêem as nossas crianças? Caracterização do nível de literacia da população escolar portuguesa.* Lisboa: GEP. Ministério da Educação.
SOARES, Magda (2001). O livro didáctico como fonte para a história da leitura e da formação do professor-leitor. In Marildes Marinho, Org., *Ler e Navegar. Espaços e percursos da leitura.* Campinas: Mercado de letras; Associação de Leitura do Brasil.
SOARES, Magda (2003). A escolarização da literatura infantil e juvenil. In Aracy Evangelista, Heliana Brandão & Maria Zélia Machado, Org., *A escolarização da leitura literária.* Belo Horizonte: Autêntica.
WILLIAMS, Raymond (1995). *The sociology of culture.* Chicago: The University Chicago Press.
WOODWARD, Arthur; ELLIOTT, David L. & NAGEL, Kathleen Carter (1988). *Textbooks in school and society.* New York & London: Garland.
ZILBERMAN, Regina (2003). Letramento literário: Não ao texto, sim ao livro. In Aparecida Paiva, Aracy Martins, Graça Paulino & Zélia Versiani, Orgs., *Literatura e letramento: Espaços, suportes e interfaces. O jogo do livro.* Belo Horizonte: Autêntica.

Bibliografia Activa

Corpus de Textos Oficiais

AA.VV. (2002). *Terminologia linguística para os ensinos Básico e Secundário*. Lisboa: Ministério da Educação. Departamento do Ensino Secundário.

DES (1997). *Encontros no Secundário. Documentos de apoio ao debate – 1*. Lisboa: Ministério da Educação.

DES (2000). *Revisão curricular no Ensino Secundário. Cursos Gerais e Tecnológicos – I*. Lisboa: Ministério da Educação. http://www.des.min-edu.pt

ME. Ministério da Educação (1997). *Desenvolver, consolidar, orientar. Documento orientador das políticas para o Ensino Secundário*. Lisboa: Ministério da Educação.

ME. Ministério da Educação. (2003). *Reforma do Ensino Secundário*. Lisboa.

ME.DEB. Ministério da Educação. Departamento da Educação Básica (2001). *Currículo nacional do Ensino Básico. Competências essenciais*. Lisboa.

ME.DES. Ministério da Educação. Departamento do Ensino Secundário (1997). *Português A e B. Programas. 10.°, 11.° e 12.° anos*. Lisboa.

ME.DES. Ministério da Educação. Departamento do Ensino Secundário (2001). *Programa de Literatura Portuguesa. 10.° e 11 .°anos*. Lisboa.

ME.DES. Ministério da Educação. Departamento do Ensino Secundário (2002a). *Programa de Língua Portuguesa. 10.°, 11.° e 12.° anos*. Lisboa.

ME.DES. Ministério da Educação. Departamento do Ensino Secundário (2002b). *Programa de Literaturas de Língua Portuguesa*. Lisboa.

Corpus de Manuais Escolares [Língua Portuguesa, 10.° Ano, 2003-2004]

[AL] Gabriela Rocha e Leonor Leitão Fernandes. *Atelier de Língua*. Lisboa: Constância.

[AP] Ana Garrido, Cristina Duarte, Fátima Rodrigues, Fernanda Afonso e Lúcia Lemos. *Antologia. Práticas*. Lisboa: Lisboa Editora.

[COM] Gabriela Lança e Conceição Jacinto. *Comunicar*. Porto: Porto Editora.

[DIS] Ana Paula Ferreira e Cidália Fernandes. *Discursos*. Lisboa: Didáctica Editora.

[DP] Hilário Pimenta e Vasco Moreira. *Dimensões da Palavra*. Lisboa: Constância.

[DPA] Ana Maria Cardoso, Maria Manuela Seufert e Vítor Oliveira. *Das Palavras aos Actos*. Porto: Edições ASA.

[EM] Olga Magalhães e Fernanda Costa. *Entre Margens*. Porto: Porto Editora.

[ETS] João Seixas e La Salette Loureiro. *Em Todos os Sentidos*. Porto: Porto Editora.

[IMA] Maria do Céu Rodrigues e Maria Manuel Oliveira. *Imaginário*. Lisboa: Texto Editora.

[P&L] Ana Margarida Ramos, Ana Maria Soares, Fátima Albuquerque, coord., Lurdes de Castro Moutinho e Rosa Lídia Coimbra. *Palavras & Limitadas*. Lisboa: Plátano Editora.

[PLU] Elsa Costa Pinto, Vera Saraiva Baptista, Assunção Sobral Gomes e Paula Fonseca. *Plural*. Lisboa: Lisboa Editora.

[PS] Filomena Martins Alves e Graça Bernardino Moura. *Página Seguinte*. Lisboa: Texto Editora.

[SEP] Ana Isabel Serpa, Artur Veríssimo, coord., Goretti Rodrigues, Graça Viana, Henriqueta Sousa, Lurdes Cabrita Repolho, M. Manuel Espadinha e Rosário Costa. *Ser em Português*. Porto: Areal Editores.

Corpus de Textos de Imprensa[58]

[AC] ANTÓNIO CABRITA, Afinal, "Os Lusíadas" vão sair do programa escolar? Camões, o coxo, *Expresso,* 25 de Agosto de 2001;
[AFS] ADEMAR FERREIRA DOS SANTOS, Duplique-se a dose de Camões nas morgues escolares!, *Público,* 30 de Agosto de 2001;
[ALC] *ALEXANDRA LUCAS COELHO, Pim!, Senhor Ministro, *Público,* 13 de Agosto de 2001;
[ASS] AUGUSTO SANTOS SILVA, A literatura expulsa do ensino secundário? *Público,* 12 de Dezembro de 2002;
[CC] CARLOS CEIA, A má fortuna da língua e da literatura portuguesas, *Público,* 9 de Novembro de 2003;
[CR] CARLOS REIS, Tudo o resto é literatura, *Público,* 23 de Janeiro de 2003;
[ECT] EDUARDO CINTRA TORRES, TV em forma de livros, *Público,* 17 de Novembro de 2003;
[EPC] *EDUARDO PRADO COELHO, O Naufrágio da Literatura, *Público,* 14 de Agosto de 2001;
[EXP] Editorial. Resistir ao "Big Brother", *Expresso,* 13 de Dezembro de 2003;
[HCB] HELENA CARVALHÃO BUESCU, Carta aberta ao ministro da Educação de Portugal, *Público,* 24 de Novembro de 2003;
[HM] HENRIQUE MONTEIRO, O reino da facilidade, *Expresso,* 18 de Agosto de 2001;
[IO] *ISABELLA OLIVEIRA, Camões, Imprescindível?, *Público,* 14 de Agosto de 2001;
[JAB] JOSÉ AUGUSTO BERNARDES, A (incómoda) necessidade dos clássicos, *Jornal de Letras,* 5 de Setembro de 2001;
[JJ] JOSÉ JÚDICE, Queremos Camões ou o Boletim Meteorológico?, *Independente,* 17 de Agosto de 2001;
[LB] LAURA BULGER, Inquérito. O ensino do Português, *Público,* 21 de Agosto de 2001;
[MA] MANUEL ALEGRE, S. Jorge, Eça, D. Sebastião e Camões, *Expresso,* 18 de Agosto de 2001;
[MCV] MARIA DO CARMO VIEIRA, Eles amaram a a leitura, *Público,* 17 de Novembro de 2003;
[MFM] MARIA FILOMENA MÓNICA, A propósito dos programas escolares – 3. O Big Brother na sala de aula, *Público,* 18 de Novembro de 2003;
[MG] MANUEL GUSMÃO, A literatura atrapalha o ensino da língua, *Expresso*, 1 de Março de 2003;
[MP] MIGUEL PORTAS, O Zarolho, *Expresso,* 18 de Agosto de 2001;
[NJ] NUNO JÚDICE, Camões e as salsichas, *Diário de Notícias,* 31 de Agosto de 2001;
[NP1] NUNO PACHECO, Matar Camões (2), *Público,* 12 de Agosto de 2001;
[NP2] NUNO PACHECO, O anti-ensino, *Público,* 12 de Outubro de 2003;
[RC2] RUBEN DE CARVALHO, Português (II), *Diário de Notícias,* 31 de Agosto de 2001;
[VAS] VÍTOR AGUIAR E SILVA, O "naufrágio" de "Os Lusíadas" no ensino secundário, *Público,* 01 de Setembro de 2001.

Outros textos

Associação de Professores de Português. *Parecer sobre a revisão curricular do ensino secundário.* http://www.des.min-edu.pt/rev_curricular/pareceres/parecer_app. htm

---

[58] Assinalo com asterisco (*) os textos que utilizei na versão electrónica da publicação em que surgiram.

ANEXO

QUADRO 1. O "LIVRO DE PORTUGUÊS" COMO ELEMENTO DE UMA CONSTELAÇÃO DE RECURSOS

Categorias \ Manuais	ETS	COM	EM	AP	PLU	IMA	PS	SEP	DIS	P&L	AL	DP	DPA
Alunos													
1. *Manual do Aluno*	+	+	+	+	+	+	+	+	+	+	+	+	+
2. *Caderno de Actividades*				+		+	+		+	+			+
Professores													
1. *Guião do Professor*										[1]		[2]	
1.a. Princípios organizativos do manual	+		+			+	+		+				+
1.b. Sugestões metodológicas	+	+	+	+		+		+			+		
1.c. Provas de avaliação		+	+	+			+		+		+		+
1.d. Propostas de resolução de exercícios/testes de avaliação	+	+	+	+	+	+	+	+	+		+		+
1.e. Guia de exploração de recursos	+	+	+	+	+		+	+					+
1.f. Textos de referência, relevantes para a disciplina	+[3]			+		+							+
2. *Recursos*													
2.a. Transparências	+	+	+	+	+	+	+	+				+	+
2.b. CD/cassete vídeo	+	+	+	+		+	+		+		+		+
2.c. Materiais para fotocopiar						+	+						
3. *Programa da disciplina*	+				+			+					
4. *Gramática*					+	+							
5. *Livros de apoio a projectos*	+	+											
6. *Outros livros*	+	+											

[1] Não foi possível confirmar a existência do livro do professor.
[2] Existe o livro do professor mas não pôde ser obtido.
[3] Sob a forma de pressupostos teóricos da responsabilidade dos autores do manual.

QUADRO 2. ESTRUTURA EXTERNA DOS "LIVROS DE PORTUGUÊS"

Manuais / Categorias	ETS	COM	EM	AP	PLU	IMA	PS	SEP	DIS	P&L	AL	DP	DPA
1. *Grelha de análise do manual*	+												
2. *Apresentação do manual*	+	+							+			+	+
3. *Apresentação da estrutura do manual*													
3.1. *Índices*	+	+	+	+	+	+	+	+	+	+	+	+	+
3.2. *Explicação da Estrutura*	+	+			+[1]	+[1]	+	+	+		+		+
4. *Sequências/unidades didácticas*	+	+	+	+	+	+	+	+	+	+	+	+	+
5. *Apêndice informativo*													
5.1. Instrumentos de regulação de actividades nos vários domínios	+		+				+						
5.2. Fichas informativas sobre o Funcionamento da língua	+		+				+						
5.3. Fichas informativas sobre história da literatura portuguesa	+						+						
5.4. Fichas informativas sobre tipos de texto			+										
5.5. Fichas informativas sobre figuras de retórica			+		+		+						
5.6. Fichas informativas sobre versificação					+		+						
5.7. *Glossário/Dicionário*			+	+	+				+				
6. *Proposta de planificação anual*			+			+							
7. *Avaliação*													
7.1. Avaliação diagnóstica							+						
7.2. Avaliação sumativa					+								

[1] Embora tenha uma realização textual autónoma, esta rubrica aparece aqui já integrada na primeira unidade do manual.

Quadro 3. Disposição e Designação das "Unidades Didácticas" dos "Livros de Português"

	Unidades Didácticas						
	Unidade 0	Unidade 1	Unidade 2	Unidade 3	Unidade 4	Unidade 5	Unidade 6
ETS	Diagnóstico. O novo ano lectivo	Escrita intimista e autobiográfica. Auto-retrato; diário; cartas; autobiografia; memórias; poema autobiográfico	Lírica de Camões	Textos dos *media*. Entrevista; artigos científicos e técnicos; textos de apreciação crítica; crónicas	Contos	Poetas contemporâneos	
COM	Avaliação diagnóstica	Artigos científicos e técnicos; verbete de dicionário; verbete de enciclopédia; declaração; requerimento; contrato; regulamento; relatório; texto informativo	Memórias; diário; carta; auto-retrato; retrato; autobiografia; oficina de escrita	Camões lírico: medida velha; medida nova; Textos para consolidação da leitura dos poemas	Poetas do séc. XX	Textos dos *media*; entrevista; artigos científicos; artigos técnicos; artigos de apreciação crítica; crónicas; crónicas literárias;	
EM	Reflexão sobre a língua portuguesa	Textos informativos diversos	Textos de carácter autobiográfico	Camões lírico	Textos expressivos e criativos. Poetas do século XX	Contos de autores do século XX	
AP		Auto-retrato, diários, textos autobiográficos	Textos informativos, crónicas, textos críticos	Poesia	Contos		

[Continua]

PLU	Para começar	Comunicação social	Registos biográficos	Contos do século XX	Poetas do século XX	Poesia lírica de Camões	
IMA	"Xis" momentos	A hora do conto	O cantar da lira	A memória das palavras	Artes e letras	Itinerários de leitura	
PS	Testes de diagnóstico	Declaração; contrato; relatório; regulamento; requerimento	Memórias; diários; cartas; retratos	Poesia do século XX	Reportagem, artigo de opinião; texto científico; crónica	Contos do século XX	
SEP	Antes de começar	Semear o futuro	Eu cantarei de amor	Guerra e paz	Cidadania e romance do quotidiano	O dia e a noite	Aprender sozinho(a)
DIS	O verbal e o visual	Textos informativos diversos	Textos dos *media*	Textos de carácter autobiográfico	Textos expressivos e criativos	Textos narrativos e descritivos	Mais sobre…Textos para leitura em regime contratual
P&L	Antes de começar	O quotidiano	A descoberta do eu	O eu e o outro	O outro	Nós e o mundo	
AL		Texto utilitário: Chaves para a vida	Texto biográfico	Texto criativo e expressivo	Os *media* – "O 4º poder"	Era uma vez	
DP	Diagnóstico das competências de comunicação	Do texto utilitário ao técnico e científico	Do texto prático-subjectivo ao confessional e lírico	A expressividade e a criatividade	Textos dos meios de comunicação social e a formação de opinião	Do texto narrativo ao texto descritivo	
DPA	Palavras iniciais	Palavras úteis	Palavras em sociedade	Palavras íntimas	Palavras criativas	Palavras da memória	

QUADRO 4. ESTRUTURAS TEXTUAIS E OPERAÇÕES DE LEITURA CONTEMPLADAS NAS ACTIVIDADES PROPOSTAS PARA O SONETO "ERROS MEUS, MÁ FORTUNA, AMOR ARDENTE"

	Estruturas Textuais							Enquadradores Discursivos						
	Nível			Âmbito		Forma		Operações de Leitura						
	Fonoló-gico-Grafe-mático	Léxico-Grama-tical	Semân-tico-Prag-mático	Local	Global	Tipoló-gica	Estí-lístico-Retó-rica	Identi-ficação	Infe-rência	Síntese	Juízo de Valor	Justifi-cação	Mobili-zação	Classi-ficação
ETS	+	+	+	+	+	-	+	+	-	+	-	-	-	-
COM	-	-	+	-	+	-	-	-	-	+	-	-	-	-
AP	-	-	-	-	-	-	-	-	-	-	-	-	-	-
PLU	-	-	+	+	++	-	-	-	+	+	-	-	-	-
PS	-	+	++	+	++	+	-	+	-	+	-	+	-	+
SEP	-	-	+	-	+	-	-	-	-	+	-	-	-	-
DIS														
P&L	-	-	+	-	+	-	-	-	-	+	-	-	-	-
AL														
DP	+	-	++	++	+	-	-	+	++	-	-	-	-	-
DPA	+	++	++	+	++	-	+	++	++	-	-	-	+	-

[continua]

	SOLICITAÇÕES													
	Estruturas Textuais							Operações de Leitura						
	Nível			Âmbito		Forma								
	Fonoló-gico-Grafe-mático	Léxico-Grama-tical	Semân-tico-Prag-mático	Local	Global	Tipoló-gica	Esti-lístico-Retó-rica	Identi-ficação	Infe-rência	Síntese	Juízo de Valor	Justifi-cação	Mobili-zação	Classi-ficação
ETS	+	++	++	++	+	-	+	++	++	+	++	-	-	-
COM	-	+	++	++	+	-	-	++	+	+	-	+	-	-
AP	-	+	++	++	++	-	-	+	++	++	-	++	-	-
PLU	-	+	++	+	-	-	-	++	+	+	-	-	-	-
PS	+	++	++	++	+	-	-	++	+	++	-	-	-	-
SEP	-	+	++	++	+	-	-	++	++	++	-	-	+	-
DIS	-	-	+	-	+	-	-	-	+	-	-	-	-	-
P&L	-	-	+	++	+	-	-	++	++	+	-	-	-	-
AL	-	-	+	++	++	-	-	-	+	-	-	-	-	-
DP														
DPA														

Legenda:

[-] ausência de categoria específica (nível léxico-gramatical, identificação, etc.);

[+] ocorrência de categoria específica;

[++] categoria específica dominante.

Quadro 5. Propostas de Leitura de "Erros meus, má fortuna, amor ardente", em Livros de Português A e de Língua Portuguesa

Ser em Português [Português A, 10º Ano]	Ser em Português [Língua Portuguesa, 10º Ano]
• Texto incluído na Sequência IV. O Renascimento – Ao som da lira. […] Camões […] Estilo clássico/Medida nova […] O amor. • Propõe-se como leitura extensiva *Erros meus a que chamarei virtude* de Afonso Duarte	• Texto incluído na Sequência 2: Eu cantarei de amor – Registos autobiográficos • Propõe-se como leitura recreativa *Erros meus, má fortuna, amor ardente*, de Natália Correia.
APOIO À LEITURA METÓDICA 1. O soneto é uma síntese da vida do poeta. Justifique a afirmação. 2. Explique o sentido da forma "sobejavam", no 3º verso da 1ª quadra. 3. "Tudo passei". "as cousas que passaram…" 3.1. Encontre um sinónimo para cada uma das formas do verbo "passar" 3.2. Justifique este jogo semântico, na relação passado/presente. 4. Clarifique o sentido dos últimos dois versos.	**LER POR DENTRO** 1. O eu poético faz o balanço da sua vida. 1.1. O que contribuiu para a sua desgraça? 1.2. Uma só das causas que indicou em 1.1. teria sido suficiente para o infortúnio. Qual? 2. Atente agora na segunda quadra. 2.1. Encontre um sinónimo para cada uma das formas do verbo "passar" em "tudo passei" e "a grande dor das coisas que passaram". 2.2. Que imagem dá o sujeito poético de si mesmo? 3. De que forma o primeiro verso se desenvolve nos tercetos? 4. Encontre no texto elementos que confirmem esta afirmação: "O sentir-se perseguido e o sentimento de culpa atormentam o sujeito poético". 5. Que desejo manifesta o eu poético nos últimos dois versos?

Plural [Português A, 10º Ano]	Plural [Língua Portuguesa, 10º Ano]
• Texto incluído na Unidade 8. A lírica de Luís de Camões.	• Texto incluído na Sequência 5- Poesia lírica de Camões.
ORIENTAÇÃO DE LEITURA Ao longo deste soneto, Camões faz o balanço da sua vida e define-a através da palavra "perdição". 1. Fixa a tua atenção na 2ª estrofe do soneto. Como sugere o poeta, quer a nível semântico quer a nível morfológico, a noção de "vida perdida"? Atenta particularmente nos tempos verbais. 2. O poeta apresenta-se como vítima de uma conspiração. 2.1. Quem foram os conspiradores? 2.2. Nos versos 9 a 12 está explícita a relação entre os conspiradores. Qual o grande Erro que a Fortuna castigou? 3. Que sentimentos manifesta o poeta face à sua "perdição"? Justifica a tua opinião. 4. Clarifique o sentido dos últimos dois versos.	**ORIENTAÇÃO DE LEITURA** 1. O poeta apresenta-se como vítima de uma conjura. Quem foram os conspiradores? 2. "Perdição" é a palavra que o poeta utiliza para definir o percurso da sua vida, o que pressupõe um passado, o presente e uma perspectiva de futuro. 2.1 Lê atentamente a segunda estrofe. • Que ideia nos transmite o poeta do seu passado? • Que expressão marca a presença do passado na memória do poeta? • Como é que esse passado interfere na memória do poeta? • Como é que esse passado interfere no futuro? 3. Nos versos 9 a 12 estabelece-se uma relação entre os elementos que conspiraram para a sua perdição. • Explica qual foi o grande "erro" que o poeta cometeu ao longo da vida. • Que contributo deu a Fortuna para a perdição do poeta? 4. Interpreta o sentimento manifestado pelo Poeta, nos dois últimos versos

O NOVO LUGAR DA LITERATURA NO ENSINO SECUNDÁRIO: DOS ARGUMENTOS CENTRÍFUGOS A UMA LEGITIMAÇÃO CENTRÍPETA*

António Branco
Universidade do Algarve

Na discussão pública mais recente[1] sobre o lugar da Literatura nos Programas do Ensino Secundário, tem-se notado o propósito veemente e muito dramatizado de denunciar (e tentar travar) uma alegada «perda de terreno» desse domínio no espaço escolar, denunciada a partir da autonomização da disciplina de Língua Portuguesa, nos 10.°, 11.° e 12.° anos, e da criação de uma opção de Literatura Portuguesa, nos 10.° e 11.° anos, e de outra de Literaturas de Língua Portuguesa, no 12.°, apenas para os alunos dos Cursos de Línguas e Literaturas. Proponho-me, neste texto, analisar alguns aspectos relacionados com essa discussão e trazer à liça elementos dela ausentes, até ao momento, mas que julgo não poderem ser ignorados.

1. Modelos de constituição do cânone literário no Programa de 1997 e no de 2001

Comecemos por ter presentes os conteúdos de Literatura do Programa de Língua Portuguesa/Português[2] em vigor com o seu antecessor do Português A e B (na versão de 1997):

---

* Este trabalho foi elaborado no âmbito de investigação desenvolvida no Centro de Estudos Linguísticos e Literários (C.E.L.L) da Universidade do Algarve (Sub-projecto Língua, Literacia, Literatura).

[1] A título de exemplo, de uma lista muito mais longa de textos disponíveis, refiro Ceia (2001), Silva (2002), Buescu (2002 e 2003), Departamento de Literaturas Românicas (2003), Carmo (2004).

[2] Designo-o desta forma porque a disciplina passou por essas duas designações, por essa ordem.

Língua Portuguesa/ Português[3]	Português A[4]	Português B
10.º Ano • Textos literários de carácter aubiográfico • **Camões lírico** • **Poetas do século XX (breve antologia)** • Crónicas literárias • Contos/novelas de autores do século XX da literatura portuguesa e da literatura universal • Textos para leitura em regime contratual	• Contos tradicionais • Poesia trovadoresca (lirismo e sátira) • *A Demanda do Santo Graal* (um texto exemplificativo) • Fernão Lopes: excertos da *Crónica de D. João I* • Garcia de Resende: *Cancioneiro Geral* (alguns textos mais significativos) • Gil Vicente: *Farsa de Inês Pereira* ou *Auto da Índia*; *Auto da Barca do Inferno* ou *Auto da Alma* • Bernardim Ribeiro: excertos de *Menina e Moça* • Sá de Miranda (poemas escolhidos) • António Ferreira: *Castro* • Luís de Camões: poesia lírica e *Os Lusíadas* • Fernão Mendes Pinto: excertos de *Peregrinação*	• Contos tradicionais • Poesia trovadoresca (lirismo e sátira) • Garcia de Resende: *Cancioneiro Geral* (alguns poemas) • Gil Vicente: *Auto da Índia* ou *Auto da Feira* • Luís de Camões: poesia lírica e *Os Lusíadas*
11.º Ano • ***Sermão de Santo António aos Peixes*, do P^e António Vieira (excertos)** • ***Frei Luís de Sousa*, de Almeida Garrett (leitura integral)** • **Um romance de Eça de Queirós (leitura integral)** • **Poesia de Cesário Verde** • Textos para leitura em regime contratual	• Poesia barroca • Padre António Vieira: *Sermão de Santo António aos Peixes* • Neoclassicismo (referência breve à Arcádia Lusitana e a Correia Garção) • Bocage (sonetos) • Almeida Garrett: *Folhas Caídas* (poemas seleccionados), *Viagens na Minha Terra*, *Frei Luís de Sousa* • Alexandre Herculano: *Eurico, o Presbítero* • Camilo Castelo Branco: *Amor de Perdição*	• Breve referência ao contexto e características do Barroco (um ou dois poemas exemplificativos) • Padre António Vieira: *Sermão de Santo António aos Peixes* • Neoclassicismo (referência breve à reacção ao Barroco) • Bocage (sonetos) • Almeida Garrett: *Folhas Caídas* (poemas seleccionados), *Viagens na Minha Terra* (visão global e leitura dos excertos mais significativos, *Frei Luís de Sousa* • Antero de Quental: *Causas da Decadência dos Povos Peninsulares*. • Eça de Queirós: *Os Maias*.

[3] Sublinho, a negrito, os conteúdos literários do Programa de 2001 que são comuns aos de 1997.

[4] Apresento as Sugestões de Leitura Metódica incluídas no Programa de 1997, ignorando as sucessivas alterações, introduzidas por Circulares do Ministério da Educação.

| 12.º Ano | • **Fernando Pessoa, ortónimo e heterónimos**
• **Camões e Pessoa:** *Os Lusíadas* e *Mensagem*
• *Felizmente há luar*, de Luís de Sttau Monteiro (leitura integral)
• *Memorial do Convento*, de José Saramago (leitura integral)
• Textos para leitura em regime contratual | • Realismo: *Questão Coimbrã* e *Conferências do Casino*
• Antero de Quental: alguns sonetos e *Causas da Decadência dos Povos Peninsulares*...
• Eça de Queirós: *Os Maias* e excerto de *Uma Campanha Alegre*
• Poesia «finissecular» e poesia simbolista: Guerra Junqueiro, Cesário Verde, António Nobre, Camilo Pessanha
• Renascença Portuguesa: Teixeira de Pascoaes
• Primeiro Modernismo e *Orpheu*
• Fernando Pessoa e heterónimos (poemas seleccionados)
• Mário de Sá-Carneiro (poemas seleccionados)
• Luís de Sttau Monteiro, *Felizmente há luar*
• Poemas de poetas do século XX: José Régio, Miguel Torga, Vitorino Nemésio, Florbela Espanca, Eugénio de Andrade, Sophia de Mello Breyner e Andresen, António Ramos Rosa
• Vergílio Ferreira: *Aparição* | • Cesário Verde (alguns poemas),
• O Modernismo: Fernando Pessoa e heterónimos (poemas seleccionados)
• Almada Negreiros: *Manifesto Anti-Dantas*
• Luís de Sttau Monteiro, *Felizmente há luar*
• Poemas de poetas do século XX: José Régio, Miguel Torga, Vitorino Nemésio, Florbela Espanca, Eugénio de Andrade, Sophia de Mello Breyner e Andresen
• Vergílio Ferreira: *Aparição* |

Compare-se, agora, a forma como os respectivos autores justificam, explicam e legitimam o(s) cânone(s) literário(s) fixados. O Programa de 1997 fazia-o em termos distintos para o Português A,

O contacto com a história literária de uma comunidade organiza e melhora pontos de referência necessários a uma leitura cada vez mais profunda e consciente. O conjunto de textos e autores seleccionados como *corpus* essencial de leituras obrigatórias obedece a esse critério. [...] Uma qualquer escolha de autores e textos literários fundamentais de uma determinada comunidade não tem muitas alternativas de decisão para além do critério de aceitação universal, isto é, daqueles textos e autores que são consensualmente aceites como clássicos. Procurou-se sempre optar pelos textos e autores que, em matéria de artes, letras e cultura, constituíssem o padrão português; cujo valor tivesse sido posto à prova do tempo; cuja originalidade, pureza de língua e forma perfeita, os tivesse consagrado (DES 1997, pág. 30)

e para o Português B,

As leituras que se propõem como obrigatórias são os marcos mais significativos da nossa história literária, aquelas sem as quais nenhum cidadão deve terminar os seus estudos secundários. Embora muito sumária, a visão diacrónica que o aluno terá, no final do 12.º ano, permitir-lhe-á, enquanto leitor autónomo, completar, durante toda a vida, a sua educação literária (DES 1997, pág. 93).

O de Língua Portuguesa/Português é mais parco:

A leitura do texto literário deverá ser estimulada decisivamente para o desenvolvimento de uma cultura geral mais ampla, integrando as dimensões humanista, social e artística e permite acentuar a relevância da linguagem literária na exploração das potencialidades da língua. Nesse sentido, são seleccionados, para leitura obrigatória, autores/textos de reconhecido mérito literário que garantam o acesso a um capital cultural comum. O convívio com os textos literários acontecerá também quando se puserem em prática **contratos de leitura** a estabelecer entre professor e alunos. (Coelho 2001, pág. 5).

Ambos acentuam, como se viu, o «reconhecido mérito literário» ou «a aceitação universal» dos textos/autores escolhidos. Nenhum deles explicita os sujeitos ou os agentes que caucionam o reconhecimento do valor dos *corpora* propostos, ainda que o Programa de 1997 seja, deste ponto de vista, mais arrogante do que o de 2001: nele quer-se fazer crer que a qualidade e representatividade literária dos textos/autores é universalmente reconhecida (iludindo-se, desta forma, que esse uso do termo «universal» – «aceitação universal» – não compreende, efectivamente, toda a sua capacidade semântica). Pelo contrário, a lista denuncia uma escolha não universal, assente em critérios especializados dos Estudos Literários (não podendo, sequer, nesse âmbito ser apresentada como consensual). Aliás, o cânone de 1997 corresponde, tão-somente, ao elenco dos elementos da História da Literatura Portuguesa considerados mais fortes numa determinada época, e não terá sido muito difícil de elaborar, já que não obrigou, sequer, os seus autores a uma reflexão sobre a finalidade pedagógica, a natureza e o contexto da sua recepção. O Programa de 2001 não escapou a essa lógica, porque mais não fez do que abreviar a selecção de 1997. O referente dos dois, ainda que interpretado e concretizado de modo diferente, é, portanto, o mesmo: o paradigma do mérito literário representativo de um património histórico-literário nacional. Ora, nesse contexto de sustentação, o Programa de 1997 ganha claramente sobre o de 2001, porque exclui menos e organiza cronologicamente. Ao segundo falta (do ponto de vista do paradigma implicitamente adoptado) uma abundante explicação para as exclusões, não bastando para isso dizer-se que o menor número de textos e autores eleitos é de «reconhecido mérito»: muitos outros haveria, na História da Literatura Portuguesa, a quem poderia ser aplicado o mesmo epíteto, seguindo o mesmo tipo de apreciação.

Foi este um dos erros mais graves dos autores deste novo Programa de Língua Portuguesa: nem foram capazes de escapar à lógica de constituição canónica que tem imperado no sistema educativo português nem souberam concretizar a sua selecção com o mesmo grau de perícia dos autores dos programas anteriores. Daí a impressão causada de «manta de retalhos», de compromisso envergonhado com a tradição, de mudança na continuidade – e daí, também, os baixos índices de credibilidade que provocou em quase todos os meios académicos. O cânone literário escolar do Programa de 1997 é defensável, dentro das coordenadas ideológicas que o regem. O de 2001 não tem defesa possível. Ora, se a proposta de 2001 não pretendia uma articulação histórico-literária e cronológica da Literatura (embora tenha preservado vestígios desse tipo de organização, apenas quebrada pelo aparecimento da antologia de Poesia do século XX no 10.º ano, no seguimento da lírica camoniana), nem que os alunos integrassem esse *corpus* de leitura no seu contexto de criação e produção, não devia ter obedecido aos mesmos pre(con)ceitos de escolha. Observemos, ainda a propósito deste desconcerto, por falta de coragem de assumir uma estratégia diferente e clara, um outro tipo de contradição nele presente. O ponto 3.1., referente ao desenvolvimento do Programa e dos quadros que incluem «conteúdos declarativos», apresenta sistematicamente, para as obras literárias indicadas, tópicos de leitura como os que a seguir exemplifico:

Textos narrativos e descritivos (*sic*)

– Leitura literária: *Frei Luís de Sousa*, Almeida Garrett (leitura integral)
  • categorias do texto dramático
  • intenção pedagógica
  • sebastianismo
  • ideologia romântica
  • valor simbólico de alguns elementos

(Coelho 2001, pág. 41).

Os elementos transcritos são de dois tipos: genológicos e histórico-literários. A sua inscrição no quadro dos conteúdos declarativos vincula o professor à sua utilização enquanto tópicos de leitura do(s) texto(s). Contudo, numa outra passagem do mesmo Programa, relativa às «Sugestões Metodológicas Gerais» para a Leitura, parece considerar-se esses elementos secundários (o que não é coerente com a sua apresentação enquanto conteúdos declarativos):

> A leitura do texto literário pressupõe informação contextual e cultural bem como teoria e terminologia literárias, que deverão ser convocadas apenas para melhor enquadramento e entendimento dos textos, evitando-se excessiva referência à história da Literatura [sic] ou contextualizações prolongadas, bem como o uso de termos críticos que desvirtuem o objectivo fundamental da leitura. (Coelho 2001, p. 24)[5]

Paralelamente a estes elementos, não se encontra, nas Finalidades e nos Objectivos, enunciados que permitam um enquadramento articulado e sustentado daqueles tópicos de leitura da Literatura. Vejam-se os excertos transcritos, referentes a esse aspecto do Programa:

2.1. Finalidades
- Formar leitores reflexivos e autónomos que leiam na Escola, fora da Escola e em todo o seu percurso de vida, conscientes do papel da língua no acesso à informação e do seu valor no domínio da expressão estético-literária
- Promover o conhecimento de obras/autores representativos da tradição literária[6]

2.2. Objectivos
- Desenvolver capacidades de compreensão e interpretação de textos/discursos com forte dimensão simbólica, onde predominam efeitos estéticos e retóricos, nomeadamente os textos literários, mas também os domínios da publicidade e da informação mediática

---

[5] O uso de expressões vagas como «*excessiva* referência» ou «contextualizações *prolongadas*» torna praticamente impossível a operacionalização universal desta recomendação.

[6] Nenhum Objectivo concretiza esta Finalidade no sentido do ensino-aprendizagem de conteúdos histórico-literários, diferentemente do que acontecia com os Programa de Português de 1997, onde se incluíam os seguintes Objectivos: «Problematizar a natureza e o valor do texto literário como documento e monumento histórico-cultural e artístico» (Português A) e «Integrar as realizações linguísticas e as produções literárias na história e na cultura nacional e universal» (Português A e B) (DES 1997).

- Desenvolver o gosto pela leitura dos textos de literatura em língua portuguesa e da literatura universal, como forma de descobrir a relevância da linguagem literária na exploração das potencialidades da língua e de ampliar o conhecimento do mundo

(Coelho 2001, p. 6 e p. 7, respectivamente)

Também nenhum dos Processos de Operacionalização apresentados no ponto 2.3.1. (Coelho 2001, pp. 10-11) prevê os modos de articulação dos textos com os tópicos histórico-literários já referidos ou outras formas de operacionalização da intenção manifestada de inserção das obras no seu contexto de produção. Todos estes indícios apontam num sentido: por um lado, a inclusão dos clássicos neste Programa parece ter-se constituído como estratégia de cedência a uma tradição escolar, ferozmente defendida por algumas vozes mais audíveis; por outro, essa estratégia não soube articular a perspectiva tradicional (de que os tópicos transcritos são vestígios nítidos) com um outro processo de formação de leitores, para que apontam, genericamente, as Finalidades e os Objectivos também transcritos. Este conjunto de incoerências provoca, seguramente, dificuldades aos gestores do Programa, os professores, sobretudo àqueles que o leiam e dele queiram retirar orientações para as suas práticas pedagógicas. A solução para este problema insolúvel teria sido levar mais a sério (e mais longe) a ideia didáctica do Contrato de Leitura, devidamente enquadrada do ponto de vista teórico, e fornecer, para cada ano, uma abundante e sugestiva lista que inspirasse e convocasse professores e alunos e em que obras de autores portugueses e estrangeiros, consagrados e não consagrados, se oferecessem à experiência intensa da leitura (determinando, apenas, por exemplo, quantidades e tipos de leitura, em função de critérios devidamente explicitados).

Por esse motivo, considero o Programa de Língua Portuguesa/Português uma oportunidade perdida para os alunos do Ensino Secundário poderem vir a ser leitores de Literatura, porque não a conhecerão nem na sua representatividade histórico-literária nem na sua liberdade expressiva e multicultural. É, nessa justa medida e no estrito âmbito da análise que aqui desenvolvo, um mau Programa, já que parece escusar-se a afirmar um modelo nítido de leitor (contrariamente aos anteriores), não orienta os professores, apostando em sinais de sentido oposto, mal-sustentados e incoerentes, em suma, titubeantes. Por isso, contribuirá, seguramente, para uma desorientação dos vários agentes da Escola.

2. O mérito literário e cultural e a série histórico-literária

Voltemos, agora, a dois dos argumentos que mais têm sido difundidos em artigos de opinião e entrevistas publicados em jornais, em sítios da Internet, em conferências, em manifestos, contra as opções do novo Programa: alegadamente, ele nega aos futuros cidadãos um incomensurável e valiosíssimo património literário (em consequência da enorme redução dos clássicos) e exclui, da Escola Secundária, a perspectivação histórica da Literatura, base de sustentação sólida do acto interpretativo.

A História da Literatura é uma das áreas disciplinares mais complexas dos Estudos Literários. Se não for encarada na sua dimensão mais enciclopédica e cumulativa (o que, implicitamente, faz o Programa de 1997 e todos os que o antecederam, à excepção do de 1991), ela institui-se como espaço de discussão do diálogo entre obras e autores de todos os tempos e espaços, polemiza apreciações sobre a qualidade literária e, sobretudo, faz sobressair uma grande heterogeneidade de critérios de inclusão e de hierarquização. Assim sendo, difícil será que os alunos mais curiosos e perspicazes compreendam por que motivo um Programa como o de 1997 considera obrigatória a leitura de um romance de Camilo Castelo Branco, mas não de Júlio Dinis[7], a título de exemplo. A percepção inteligente e informada dos parâmetros dessa discussão e das consequentes selecção e ordenação histórico-literárias implicaria, ainda, uma experiência de leitura e de maturação impossível de obter em três anos de escolaridade (entre os 14/15 e os 16/17 anos – intervalo etário médio dos alunos que frequentam e terminam o Ensino Secundário). Nada que os autores dos Programas organizados em função desse modelo não saibam, até por experiência própria. Por isso, quando a Literatura é apresentada sob essa perspectiva na Escola, na realidade o que se deseja é a imposição de uma lista definitiva e fechada de autores e obras nacionais «indiscutíveis», para transmissão do tal património de mérito «universalmente aceite», porque se sabe – e se não se sabe, é porque houve erro de *casting* na escolha dos autores – que, do ponto de vista didáctico, a única solução que resta a professores e a alunos é a transformação do fértil e polémico debate histórico-literário em *informação histórico-literária* e *histórico-cultural*, aproveitável pelos ma-

---

[7] É indicado o romance *Uma Família Inglesa*, na lista de Leitura Extensiva para o 12.º ano (pág. 46).

nuais escolares e para-escolares como tal, e escolarmente consumível e restituível pelos alunos nos conhecidos produtos escolares de avaliação classificativa, mas dificilmente testável e contestável por quem não possui, nem pode possuir, experiência, conhecimentos e instrumentos de participação nos julgamentos estéticos e na construção de redes dialógicas entendidos desse ponto de vista.

Sejamos totalmente claros: a finalidade primordial de um Programa como o de 1997 (implicitamente tomado como modelo para a contestação do de 2001) é a da apresentação de evidências histórico-literárias concretizadas numa lista de autores e obras de mérito indiscutível. Concretizo a mensagem subliminar aos alunos (e, também, por que não dizê-lo?, aos professores): conheçam e leiam D. Dinis, Fernão Lopes, Gil Vicente, Camões, António Vieira, Bocage, Camilo Castelo Branco, Almeida Garrett, Eça de Queirós, Cesário Verde, Fernando Pessoa, etc., porque são *portugueses* e autores de obras de *grande qualidade*; constituem o *vosso património*. Como não ver, nesta forma de tratamento da Literatura Portuguesa, uma transposição não assumida dos modelos da Escola do Estado Novo, que se soube apropriar, ideologicamente, das propostas românticas, para as transformar em instrumento de propaganda e de silenciamentos?[8]

Não será este, seguramente, o meio de proporcionar, através da experiência literária escolar, o desenvolvimento de leitores activos, de pessoas lúcidas e emancipadas, de cidadãos interventivos. Pelo contrário, tal perspectiva acentua, inevitavelmente, alienações, passividades – e rejeições, ainda que expressas através de bocejos, de recusa de ler e estudar ou

---

[8] Embora reconhecendo o risco de esta afirmação ser julgada como excessivamente radical e/ou desfasada da realidade, dada a enorme distância existente entre os propósitos do Estado Novo e os do Estado Democrático do pós 25 de Abril, quero com ela sublinhar que, tendo mudado o enquadramento político e iedológico das questões associadas à educação literária, não se vê, nem nas discussões em torno dela nem nos resultados a que os Programas dão forma, a coragem necessária para reconhecer os efeitos perniciosos (e, de certa forma, anti-democráticos) da manutenção de uma visão elitista do fenómeno literário. Assim sendo, a educação literária da Democracia apresenta-se-me como a mesma dama de sempre, mas envolta em roupagens diferentes. Concretizo: parece ter existido uma deslocação do campo do dever (o dever de conhecer a Literatura Nacional) para o do direito (a Escola não pode recusar o direito ao conhecimento desse património). No entanto, a forma como o cânone é apresentado e configurado pelos Programas acaba por voltar a transformar o direito em dever. Não recusar o acesso seria muito diverso do que, na realidade, os Programas instituem: uma lista fechada, pré-avaliada e obrigatória.

de estratégias de recurso a resumos e discursos alheios para a obtenção, mediata, de classificações positivas.

Também não é a minha forma de dar conta do meu amor à Literatura e ao «património» que fui fazendo meu. A minha concordância com a célebre máxima de Italo Calvino («ler os clássicos é melhor do que não ler os clássicos») não ocorreu por imposição escolar (nem creio que Calvino desejasse a sua utilização como dogma justificativo do cânone literário escolar), mas por adesão pessoal, livre de amarras.

Do ponto de vista pedagógico, nada haverá mais mortífero do que a apresentação de um autor ou de uma obra como «incontestável». Efectivamente, a indiscutibilidade escolar do cânone é a melhor estratégia de «fossilização» da Literatura que pode haver, o melhor e mais clarividente prenúncio da morte do desejo dela (dentro, fora e depois da Escola). Quando tal afirmo, coloco-me na posição de quem defende que a sobrevivência da Literatura através de uma minoria – hoje de composição mais variável do que outrora – já não satisfaz, porque não faz mais do que, efectivamente, negar à maioria, isso sim, uma Literatura viva. Mais ainda, tais perspectivas do Ensino da Literatura em nada contribuem para o refinamento do gosto, porque, pelo contrário, apostam (com palavras mais ou menos transparentes) na inculcação de um gosto pré-fabricado e dos seus próprios critérios – ou seja, fundam-se no propósito (nem sempre declarado) de uniformização e massificação de uma valorização estética e histórico-literária que sonega aos alunos toda e qualquer possibilidade de contestação. Puro fingimento educativo, que no Estado Novo servia desígnios ideologicamente estruturantes e explicitados – e que a Escola da democracia não soube contrariar nem sequer quis discutir, porque, sendo da democracia, continua a ser um braço do Estado, e cada vez mais será, nos sistemas económicos dominantes. Neste sistema de educação literária, não existirá espaço para a rejeição responsável, para as interrogações ideológicas, para as escolhas pessoais, autónomas e corajosas, para a vivência de conflitos e questões literárias e estéticas, para os combates de gostos, afinal, para todas as tensões que historicamente foram preservando e universalizando as tais obras-primas, os tais clássicos. A Escola que se pretende, quando se defende tal sistema de educação literária, produzirá, inevitavelmente, cidadãos indefesos perante o «discurso de autoridade» sobre a Literatura, porque secundariza a leitura, remetendo-a para uma função instrumental[9]. Essa Escola não quer preparar os leitores para participarem

---

[9] A esse propósito, leia-se Zilberman, 2003.

nas questões literárias do seu tempo, daí advindo, aliás, o fulgor de alguns sucessos comerciais de valor literário e artístico muito duvidosos. Essa escolinha produz e contenta-se com dois tipos de alunos (ainda que, feitas as contas e hipocritamente, se queixe da desgraça): o soldado obediente que aceita, sem discussão, os regulamentos e as instruções superiores e que engrossa o exército do dia de portugal e de camões (sem Camões nem Portugal); o inventado protagonista anónimo dos *reality shows* que, como Goldmundo, confunde sentimentos com ideias[10].

Acabei por entrecruzar a discussão em torno dos dois argumentos: não sendo nenhum património histórico-cultural intrinsecamente valioso, apresentá-lo como tal subjuga tanto a Literatura como os alunos ao império altamente alienante do *gosto dos outros*[11] e impede a participação dos cidadãos na reapreciação desse mesmo património – ou seja, preserva, intocados, o lugar e os agentes onde se opera a canonização (a beatificação?) da Literatura.

Ao apresentar-se, exclusivamente, o cânone literário na sua série histórica nacional, silencia-se, ainda (sem que tal tenha provocado qualquer tipo de reacção nos arautos da desgraça), o património artístico e cultural da humanidade, que compreende outras «obras-primas» da Literatura, mas, também, da Música, da Pintura, da Escultura, da Arquitectura e do Cinema. Dou um exemplo nítido do que pretendo denunciar: em nome da defesa de um «indiscutível» património literário português, em que Luís de Sttau Monteiro se senta ao lado de Gil Vicente e Guerra Junqueiro ao lado de Camilo Pessanha, ignora-se um Guimarães Rosa, um Kafka ou um Hermann Hesse. Em nome desse mesmo princípio, considera-se essencial que os alunos contactem com alguns poemas escolhidos da *Fénix Renascida* (DES 1997, pág. 45.), mas aceita-se que saiam da Escola Secundária sem nunca terem ouvido sequer falar de Góngora, quanto mais terem lido algum dos seus poemas. E quanto às outras Artes? Neste sistema totalmente centrado na Literatura (quando está em causa um *ímpar património histórico-cultural*), serão sempre curiosidades, adendas, vislumbradas em fugidias visitas turísticas, como se todas essas outras formas de expressão artística e linguagens não fossem necessárias ao conhecimento do Homem e do Mundo, que também a Literatura pro-

---

[10] Diz Narciso a Goldmundo: «Desabafa à vontade, diz-me tudo o que te oprime. Há porém um ponto em que te enganas muito: julgas que são pensamentos o que estás a comunicar-me. Mas não são, são sentimentos!» (Hesse, 1981, p. 260).

[11] Utilizo o título de um filme de Agnès Jaoui (1999).

porciona, e como se essas outras linguagens não ajudassem a compreender melhor a da Literatura.

A inclusão da Literatura nos Programas do Ensino Secundário, da forma que tenho vindo a descrever, conduz, ainda, inevitavelmente a um entendimento da mesma excessivamente centrado numa das suas dimensões: o dos usos *excelentes* da língua (materna), explícita ou implicitamente apoiado em argumentos como os que apresentam o texto literário enquanto lugar de potenciação (sincrónica e diacrónica) da língua[12]. Ora, nunca tal «verdade» foi cabalmente demonstrada, nem sequer a sua manutenção enquanto princípio organizador da educação literária conseguiu, até ao momento, escapar aos reducionismos dele decorrentes. De facto, o jogo literário escolar instituído a partir de tal premissa acaba por, paradoxalmente, afastar a Literatura da série pedagogicamente mais fecunda a que ela pertence (a das Artes) e por causar falsas convicções acerca do trabalho que a Literatura é capaz de operar sobre a linguagem e sobre o mundo (muitas vezes não assumidamente assentes no anacrónico e improdutivo conceito de *literariedade* e na não menos improdutiva *função poética*). A possibilidade pedagógica de observação desse processo na companhia do que o Cinema, a Pintura, a Arquitectura, a Música, por exemplo, realizam, nos vários tempos e lugares, tornaria, seguramente, mais proveitosa e «exacta» a percepção da dimensão artística e estética do texto literário. Por isso me pareceria muito mais vantajoso que a iluminação pedagógica da Literatura enquanto projecto artístico fosse realizada em convívio pleno com as outras Artes e com os discursos que as Artes, no seu conjunto e na sua especificidade, provocam – e não com uma aprendizagem da Língua Materna que, exclui, necessariamente muitas linguagens à disposição das necessidades de expressão humana não reduzíveis aos actos comunicativos não mediatos. Para além disso, esta estratégia de irmandade permitiria

---

[12] Recolho uma afirmação de Aguiar e Silva exemplificativa desta forma de pensar: «Entre a linguagem verbal, entre cada língua histórica, e a poesia existe uma primordial e permanente relação ontológica, semiótica, social e cultural. Os textos poéticos orais e escritos foram e serão por excelência os espaços e os organismos da constituição, do desenvolvimento e da ilustração das línguas históricas. Neles coexistem, em tensão criadora, a exemplaridade e a normatividade linguísticas e a inovação, a inventividade e a fantasia verbais, muitas vezes bordejando mesmo a transgressividade e nessa fronteira de aventura e risco abrindo novos horizontes de expressão e comunicação. [...] Não se pode ensinar a língua sem o estudo da poesia, não se pode ensinar a poesia sem o estudo da língua.» (1999: 24).

uma compreensão menos redutora e incompleta da multiplicidade de discursos críticos gerados em torno das Artes. O texto crítico apareceria já não tanto como discurso altamente especializado a partir do qual se deve construir o acto de leitura de professores e de alunos, mas como aquilo que, do ponto de vista escolar, ele poderia ser: parte de uma rede discursiva que procura socializar a Arte e responder às suas solicitações e provocações. Nessa medida, o chamado *direito democrático e universal ao património artístico e cultural* (não cumprido no que diz respeito às heranças artísticas não literárias, com a cumplicidade silenciosa dos defensores da Literatura) contribuiria, também ele, para uma efectiva literacia crítica que promovesse o acesso democrático às redes discursivas formadas pelos objectos artísticos e pelos discursos que os socializam. A separação drástica da Literatura da sua família original resulta, do ponto de vista escolar, na sua elevação à categoria de «arte suprema», criando a ilusão da imprescindibilidade de uma sua pujante presença (histórico-literária) na aula de língua materna. Daí que, para, por exemplo, conhecer o Barroco, na Escola Secundária portuguesa pareça ser mais importante ler poesia barroca portuguesa do que visitar igrejas barrocas (infinitamente mais representativas daquilo a que a sabedoria poética de Ana Luísa Amaral (1998) chamou «a contra-reforma do silêncio»). Em suma, a reforma da educação literária está por fazer e continuará suspensa, enquanto não se discutir com seriedade e profundidade histórica, política e filosófica algumas das ideias que aqui esbocei, tanto como outras que o espaço que me era reservado não me permitiu nem trazer nem aprofundar. Eu já não me deixo enganar: a questão educativa na área do Português não é a da ausência deste ou daquele autor «importantíssimo» nos Programas, nem a aparente destruição da perspectivação histórico-literária da literatura, na Escola. A questão é sobretudo, a da leitura enquanto instrumento de socialização do jovem-cidadão (evito, aqui, os termos mais comummente usados da «emancipação» e da «libertação», em que se tem apoiado a defesa de um certa educação literária). E a essa questão não se pode responder com o tipo de argumentos que se tem utilizado: por serem argumentos centrífugos que em nada sustentam uma legitimação centrípeta da Literatura e das Artes.

REFERÊNCIAS BIBLIOGRÁFICAS

AGUIAR E SILVA, Vítor (1999). Teses sobre o ensino do texto literário na aula de Português. In *Diacrítica* (13-14).
AMARAL, Ana Luísa (1998). O excesso mais perfeito. *Às Vezes o Paraíso*. Lisboa: Quetzal.
BUESCU, Helena Carvalhão (2002). Que cultura merecemos? A literatura no secundário. In *Diário de Notícias*. 21 de Dezembro.
BUESCU, Helena Carvalhão (2003). Carta aberta ao Senhor Ministro da Educação de Portugal. In *Público*. 24 de Novembro.
CARMO, Carina Infante do (2004). Os programas de Português: uma questão também de política. In *Avante* 4 de Março.
CEIA, Carlos (2001). Reforma Curricular no Ensino Secundário. Objectivo: acabar de vez com a literatura? In *A Página*, Junho.
COELHO, Maria da Conceição (Coord.) et alii (2001). *Programa de Língua Portuguesa. 10.º, 11.º e 12.º anos. Cursos Gerais e Cursos Tecnológicos. Formação Geral*. Lisboa: Ministério da Educação.
DEPARTAMENTO DE LITERATURAS ROMÂNICAS (2003). Carta Aberta: A Literatura no Ensino da Língua Materna. Faculdade de Letras da Universidade de Lisboa: http://www.fl.ul.pt/dep_romanicas/carta_aberta_ao_mne.htm.
DEPARTAMENTO DO ENSINO SECUNDÁRIO (DES). 1997. *Português A e B. Programas. 10.º, 11.º e 12.º Anos*. Lisboa: Ministério da Educação.
HESSE, Hermann (1981). *Narciso e Goldmundo*. Tradução de Manuela Sousa Marques. Lisboa: Guimarães Editores. 2.ª edição.
JAOUI, Agnès (1999). *Le Goût des Autres*. França: Les Films A4.
SILVA, Augusto Santos (2002). A Literatura Expulsa do Ensino Secundário? In *Público*, 14 de Dezembro.
ZILBERMAN, Regina (2003). Letramento literário: não ao texto, sim ao livro. In Aparecida Paiva, Aracy Martins, Graça Paulino & Zélia Versiani (orgs.), *Literatura e letramento. Espaços, suportes e interfaces. O jogo do livro*. Belo Horizonte: Autêntica/CEALE/FaE/UFMG, pp. 245-266.

A LITERATURA NO ENSINO SECUNDÁRIO:
EXCESSOS, EXPIAÇÕES E CAMINHOS NOVOS

José Augusto Cardoso Bernardes
Universidade de Coimbra

> "Quanto mais vertiginoso é o tempo que vivemos, mais aguda é a necessidade de debatermos as grandes "invariantes" da história da humanidade que fazem o livro da educação"
> (Roberto Carneiro, *A Educação primeiro*, p.163)

Quem hoje quiser proceder a uma avaliação serena da presença da Literatura nos programas e nas práticas lectivas do Português depara-se, pelo menos, com dois sérios obstáculos: a escassez de estudos de natureza histórica e sociológica e a falta de uma perspectiva integrada, que tenha em conta a realidade de outros países.

Vejamos, em primeiro lugar, a questão histórica. Continuam, de facto, a faltar-nos elementos para avaliar uma realidade que se inscreve num amplo arco temporal, desde as reformas pombalinas até à fase de institucionalização do ensino secundário que, nascida do liberalismo, se estende até aos nossos dias. Na ausência desse conhecimento historicamente dimensionado, pode ter-se a ilusão de que tudo é novo: parecem novos os erros, os dilemas, as frustrações. E, no entanto, não é assim. Bem pelo contrário: a maioria dos problemas com que hoje nos confrontamos tem raízes históricas, pelo que se torna indispensável identificar a sua génese e evolução[1].

---

[1] Tomo concretamente, como termo de comparação contrastiva, um estudo como o que Violaine Houdart-Merot levou a cabo para o caso francês, incidindo nos anos que vão de 1880 até aos nossos dias (embora remontando, sempre que necessário, a épocas anteriores). Para além de descrições panorâmicas e de bons momentos de análise e diagnóstico, o trabalho apoia-se em textos oficiais, testemunhos e, ainda, em vasta cópia de "devoirs d'élèves" (alguns dos quais preciosamente reproduzidos em Apêndice).

Refiro-me desde logo à história recente, aquela que se mede em décadas e onde é sempre mais fácil distinguir fundamentos e aparências. É todavia importante não esquecer também o rasto de um passado mais longínquo. É que alguns dos problemas que hoje se encontram mais em voga acabam por ter as suas raízes nesse passado distante. A título de exemplo, veja-se o que sucede com a oposição entre a Retórica e a História, que se extremou no quadro da Ideologia das Luzes e do Romantismo para não mais se extinguir até aos nossos dias, sob a capa de inúmeras metamorfoses[2].

A outra lacuna importante que impede a ponderação eficaz da presença da Literatura no Ensino Secundário reside no desconhecimento (ou pelo menos no menosprezo) da situação verificada noutros países. É verdade que, a esse propósito, se encontram já disponíveis numerosos estudos, estatísticas e outros elementos sincrónicos e diacrónicos, envolvendo a generalidade do espaço europeu (em publicações impressas e, mais recentemente, até em rede); mas parece não existir ainda o hábito de os compulsar e filtrar, para deles extrair conclusões adaptadas à realidade nacional. E, no entanto, é do maior interesse ter em conta a forma como os problemas se manifestaram em países próximos do nosso, em termos de geografia e de grau de desenvolvimento. Para além de constituir um precioso adjuvante da compreensão dos nossos próprios dilemas, a consciência do que vem ocorrendo em outros estados pode também ajudar a prevenir erros que, em alguns desses países, se não puderam evitar.

Na maior parte dos casos, ficamo-nos pelas intuições ou pelas notícias esparsas. Umas e outras, porém, bastam para confirmar a ideia de que a Literatura é hoje menos prezada nas escolas portuguesas do que nas suas congéneres espanhola (com oscilações, que variam de região para região), francesa, inglesa ou italiana, para citar apenas os exemplos onde a presença das literaturas nacionais no cânone escolar se vem mantendo inalterável. Ainda assim torna-se necessária a objectividade dos elementos a comparar para que esta ideia se transforme em dado inequívoco. Seria muito elucidativa, nomeadamente, a contabilização da percentagem de conteúdos literários no conjunto dos programas de Língua Materna, as formas de presença nos exercícios de avaliação nacional, o número e o relevo das acções de formação de professores desenvolvidas neste domínio, etc.

---

[2] No domínio da história da disciplina de Português dispomos de vários contributos de Rui Vieira de Castro, nomeadamente da sua dissertação de doutoramento (*Para uma análise do discurso pedagógico...*). Embora incidindo essencialmente sobre a questão da Gramática, este trabalho integra uma boa resenha de conjunto, no capítulo I.

Embora tentando minimizar os efeitos destas ausências, é neste registo empírico e intuitivo que terei ainda de me situar. Com tudo o que isso envolve de falível precariedade, é certo; talvez apenas com a atenuante de, no que me diz directamente respeito, me ocupar de uma realidade que vivi em grande parte como aluno e como docente de vários graus de ensino.

Sendo importantes, as perspectivas histórica e comparatista não se bastam, todavia, a si próprias. Tanto mais que o contexto da crise actual requer uma intervenção urgente. Não me limito, por isso, a uma tentativa de reconstituição do passado recente, ou seja, não falarei apenas de **excessos** e **expiações**. Tentarei também sondar **caminhos novos**. Até porque, para além de todas as considerações teóricas, o conhecimento do passado só se torna decisivo se dele pudermos extrair lições para intervir no presente, visando beneficiar, o mais possível, do influxo das únicas musas certas da Educação: a esperança e o bom senso. É sob esse mesmo influxo que procuro colocar-me quando, na ponta final deste trabalho, formular algumas propostas de reconversão teórica e, sobretudo, quando, já em Apêndice, me atrever a concretizar um pequeno esboço de incidência prática, em torno de um soneto de Camões.

Os excessos

O título geral que escolhi para este trabalho remete para uma tese aparentemente simples e consensual: a de que, pelo menos ao longo das três últimas décadas, a presença da Literatura nos programas e nas práticas pedagógicas do Ensino Secundário anda associada a uma série de *excessos*. A fase actual é claramente de *expiação* devendo também ser de abertura a *caminhos novos*.

Passo a explicitar a dita tese, começando por referir-me aos *excessos*. Mas eis que surge uma primeira dificuldade: a de identificar o momento que os baliza. Deveremos sinalizar apenas os males que se encontram mais próximos ou deveremos projectar a análise para mais longe, tentando determinar a sua origem? Por mais tentadoras que possam parecer, nenhuma destas soluções se revela muito segura: nem a primeira (por demais ensaiada, aliás) nem tão-pouco a segunda, que consiste sempre em regressar à origem, quase sempre mítica, de todos os males. Até porque, pela sua própria natureza, qualquer *excesso* acaba por se inscrever numa dinâmica de **acção/reacção** ou seja, qualquer *excesso* resulta sempre do estiolamento de uma prática originariamente útil e razoável.

Mais do que apurar datas precisas, optarei, pois, por tentar compreender o movimento que envolve os ditos *excessos*, caracterizando-os brevemente, em termos de tendência geral e explicando como é que cada um deles se relaciona com a fase de *expiação* que atravessamos.

O primeiro excesso que tem de invocar-se é o **historicismo**. Em termos do ensino da Literatura, falar de historicismo equivale a falar de uma prática de investigação e de docência que remonta a meados do século XIX, em aliança estreita com a obsessão identitária e nacionalista que concebia a escrita literária (sobretudo a que era contemporânea dos "momentos altos da nação") como referência legitimante de uma cultura[3]. No caso português, como sabemos, a história literária foi construída essencialmente a partir dos grandes escritores do século XVI, o *século de ouro* que remetia para a figura de *percursor* tudo o que viesse antes e para a da *glosa imitativa* ou epigonal tudo o que se lhe seguisse[4]. Tratava-se, claro está, de uma orientação da historiografia geral, (não tendo, portanto, apenas que ver com a Literatura), de base indistintamente romântica e positivista, vinculada ao velho *telos* dialéctico do "apogeu" e da "decadência". Assim entendido, porém, o historicismo encerra já, ele próprio, uma marca reactiva, neste caso orientada contra o **retoricismo**, método de descrição técnico-formal, de feição escolástica, sistematicamente aplicado aos textos da antiguidade greco-latina, inscritos numa planura de eternidade: os tais que apenas por defeito se poderiam imitar. A luta entre estes dois procedimentos de concepção e análise dos textos literários (o retórico e o histórico) recobre, afinal, o debate longo (e por vezes encarniçado) que se travou por toda a Europa a partir de meados do século XVIII entre os defensores da "insubstituível" nobreza dos textos e autores gregos e latinos e os que pugnavam pela actualização do cânone, entre os que acreditavam na intrínseca superioridade dos Antigos e aqueles outros (os Modernos) que defendiam a abertura da História e proclamavam a capacidade humana de nela intervir[5].

---

[3] A investigação mais desenvolvida e fundamentada que possuímos para o caso português foi, sem dúvida, levada a cabo por Carlos Ferreira da Cunha, em trabalho que teve por base uma dissertação de doutoramento (2003).

[4] Escrevi já sobre a construção do cânone literário português do século XVI ocupando-me do papel que nele coube à figura e à obra de Bernardim Ribeiro (Bernardes, 2003).

[5] A evolução do cânone e a consequente reconversão metodológica que dela derivou foi magistralmente traçada por Rudolf Pfeiffer (1976). Para uma visão panorâmica

Nesta linha de superação, o historicismo revestia-se de um enorme alcance cívico e cultural, situando-se na origem de todas as concepções patrimonialistas da Arte, em geral e da Literatura em particular. Dele resulta, em última instância, a própria noção de "literatura nacional", difundida por toda a Europa com evidentes desígnios de afirmação política, entendida como somatório organizado de autores e de textos hierarquicamente escalonados ao longo dos séculos, configurando a identidade profunda das nações[6].

Assim se justifica também a criação da Filologia como grande ciência educativa, destinada a valorizar esse património, visando a construção de um conhecimento agregador, especialmente dirigido às elites do estado[7]. Compreende-se, por isso, muito bem, que tenha sido pela mão da História que, em meados do século XIX, o estudo das Literaturas em vernáculo tenha entrado na Universidade para, logo depois, chegar ao Ensino Secundário, onde foi paulatinamente substituindo o cânone greco-latino, tal como a Gramática Portuguesa foi tomando o lugar da Gramática Latina. Durante décadas, a história da literatura correspondia ao encadeamento da biografia dos escritores, individualmente considerados ou organizados em torno de movimentos e de períodos.

Intensivamente estudada no ensino secundário, a cultura literária ocupava o lugar de cimento agregador da consciência comunitária: com particular incidência nos liceus, como é compreensível, embora não deixando de marcar presença no próprio ensino técnico.

À Universidade estava reservado o papel de instância de produção e controlo dessa mesma cultura; mas bem pode dizer-se que muitos Liceus

---

deste conflito, veja-se também o estudo já clássico de Gerald Graff (1987), em particular os capítulos 1 e 2.

[6] De entre a vasta bibliografia que recentemente se vem publicando sobre o assunto, destaco o estudo, panorâmico mas bem fundamentado, de Anne-Marie Thiesse (2001). Mais recentemente, Aguiar e Silva identifica expressamente a questão como sendo "o último episódio histórico – em geral negligenciado – da multissecular *Querela dos Antigos e Modernos*, que percorreu, sob modulações e metamorfoses diversas, toda a cultura europeia, ao longo dos séculos XVII e XVIII, mas com manifestações relevantes, já na segunda metade do século XVI e ainda durante o século XIX" (cf. op. cit., pp. 22-23).

[7] A história da Filologia tem vindo a ser objecto de uma atenção crescente. De entre a mole imensa de trabalhos que incidem sobre o tema, destaco o livro de Pascale Hummel (2000) que, entre outros méritos, contém uma visão comparatista da evolução da disciplina na generalidade dos países europeus.

funcionavam muitas vezes como sua extensão directa. Entende-se, por isso, por exemplo, que reputados professores das Faculdades de Letras tivessem organizado numerosas edições para uso escolar (integrais ou antológicas) e que, por sua vez, alguns professores dos Liceus tivessem colaborado, durante décadas, em prestigiadas revistas de investigação e aplicação científico-pedagógica[8], para além de se dedicarem, também eles, muitas vezes, à edição anotada dos *clássicos*[9]. Era definitivamente o tempo áureo do "professor intelectual"[10], dinamizador de círculos de leitura, dentro e fora do seu Liceu, conferencista assíduo por alturas da celebração de efemérides culturais, comprometido, ele próprio, com a investigação que se ia realizando ao mais alto nível, zelador e divulgador cioso de um saber nuclear para a formação e a preservação da então chamada "consciência nacional"[11].

Na sua coerência, esta lógica acompanhava, de perto, os pressupostos que então prevaleciam na vida cívica, em geral, dela derivando a matriz inspiradora dos programas de Língua Materna por toda a Europa, durante mais de meio século. Na justa medida em que foram emergindo novas necessidades socioculturais, não se estranha que ela se tenha depois tornado desfasada. Basta passar hoje os olhos por alguns dos artigos de investigação ou de aplicação didáctica que povoam essas revistas de há 4

---

[8] A título de exemplo, refiro apenas as revistas *Labor*, *Palestra* e *Liceus de Portugal*, a justificarem, no seu conjunto, uma maior atenção por parte dos interessados por estas matérias.

[9] No panorama nacional, o caso mais importante é, sem dúvida, o de Manuel MARQUES Ferreira BRAGA (1877-1964), um diplomado pela Faculdade de Direito de Coimbra que viria a ser professor de vários liceus. Foi também incansável editor de vários clássicos (ainda hoje usados na Universidade, à falta de melhor), norteado pelo propósito, então inovador, de ultrapassar o ensino historiográfico-expositivo e de dar a conhecer os autores através dos textos.

[10] Sigo a tripartição proposta por Romano Luperini (*especialista*, *tutor* e *intelectual*), para sinalizar as transformações operadas no perfil do professor de Literatura, ao longo das últimas décadas (Luperini, pp. 9-23).

[11] Não surpreende, inclusivamente, que alguns dos instrumentos de trabalho produzidos na altura servissem, em simultâneo, para o ensino liceal e para o ensino universitário. Para além dos já citados clássicos Sá da Costa, cite-se ainda o caso dos manuais de história da literatura portuguesa: desde a de Joaquim Mendes dos Remédios até à de António José Saraiva e Óscar Lopes, quase indistintamente usados nos últimos anos dos Liceus e nos primeiros anos das Faculdades. Para uma visão panorâmica dos manuais de história literária ao longo do século XX, vejam-se os verbetes "história literária" e "história literária em Portugal", que redigi para a *Enciclopédia Biblos das Literaturas de Língua Portuguesa* (vol 2, 1997, pp.1029-1038).

ou 5 décadas, pelos enunciados dos exercícios ou dos exames nacionais do 5.º e do 7.º anos do Liceu, para nos darmos conta da forte presença de um discurso fortemente ideológico, hoje sentido como exageradamente nacionalista mas que, na altura, era tido apenas por "patriótico", qualquer que fosse o quadrante político inspirador dos programas e das práticas docentes, desde o Liberalismo até ao termo do Estado Novo, sem esquecer a Primeira República.

De entre os factores que mais contribuíram para esta sensação de anacronismo, salienta-se a circunstância de a própria Escola se ter entretanto vindo a transformar num instrumento de regulação do mercado de trabalho, submetendo-se às necessidades práticas do indivíduo, empenhado em assegurar um emprego rendoso e socialmente reputado. À luz dessas novas coordenadas de pragmatismo, a própria ideia de "identidade nacional" foi-se inevitavelmente aligeirando, a ponto de se deslocar para zonas da vida pública dependentes dos *media* e já não tanto da Escola (é visivelmente o caso do Desporto e do destaque que lhe é conferido pela televisão). De uma forma geral, as matérias escolares conheceram então um processo de reconversão utilitarista, através da sobreposição das *competências* aos *saberes*, tomando por critério essencial a aplicabilidade ou a inaplicabilidade prática e imediata[12].

É neste quadro que, ao longo dos anos 80 e um pouco por toda a Europa, se opera a reconversão dos programas de Língua Materna, guiados pelo Graal da Literacia e pela necessidade urgente de **comunicar** em termos de eficácia e versatilidade[13]. Os efeitos desta orientação começaram por se fazer sentir nos níveis mais avançados do Ensino Básico, estendendo-se depois ao Ensino Secundário. Iniciava-se assim um claro movimento de dilação de parâmetros de exigência de um nível de iniciação para um outro que deveria ser já de aprofundamento. O primado que, a partir de um certo momento, passa a ser conferido a esta tónica explica o progressivo e lento recuo da história literária, enquanto quadrante inspirador dos programas de Português no Ensino Secundário, fazendo com que uma prática até aí tida como indispensável se tenha, progressivamente convertido, aos olhos de muitos, em verdadeiro *excesso*.

---

[12] Uma boa visão histórica deste conflito no Ensino Secundário francês foi traçada por François Baluteau (1999). Veja-se em especial a Terceira Parte, significativamente intitulada "La défaite humaniste" (pp.189-232).

[13] Para um melhor entendimento da emergência e da consolidação deste processo, veja-se Philippe Breton (1992).

Na situação em que agora nos encontramos, a ideia de proceder a balanços e de inventariar responsabilidades surge como natural. Foi a história literária responsável pelos seus próprios desatinos? Ou foi o mau uso que dela se foi fazendo? E de onde deriva esse mau uso? Deve ser maioritariamente cometido aos programas ou deve ser associado a insuficiências na formação de professores? Independentemente das dificuldades que possam subsistir quanto ao apuramento de culpas, não há dúvida de que qualquer processo de inquirição se torna sempre preferível ao lançamento de anátemas. É exactamente o que deve ter-se em conta na avaliação da presença da história literária nos programas, nos manuais e nas práticas pedagógicas do Ensino Secundário. Na verdade, boa parte das críticas frequentemente dirigidas à história literária (atrofia do sentido crítico e do gosto pela leitura, acumulação excessiva e forçada de textos literários e não literários, preferência pelos autores antigos em detrimento dos contemporâneos, etc.) caberia com mais propriedade ao dito *historicismo*, prática primeira da história literária, que só pelos anos 60 começa a transformar-se. No que respeita aos programas do Ensino Secundário, o erro pode ter sido, ainda assim, o de não se ter acompanhado suficientemente a evolução da história literária, retendo dela aquilo que ainda hoje parece ser indispensável em termos de conhecimento patrimonial mas, ao mesmo tempo, encontrando maneiras de a fazer conviver com outras disciplinas dos estudos literários, também eles crescentemente abertos a áreas como a antropologia ou a sociologia (e já não apenas à Linguística e à Retórica).

Levemos ainda mais longe a inquirição destas causas. Como é sabido, uma das síndromas mais importantes que afectaram os estudos literários ao longo das últimas décadas é a da autonomia disciplinar e institucional. Nascida em finais dos anos 60, essa tendência veio depois a desenvolver-se num contexto de pulverização das Humanidades que começou por isolar as Filologias para, logo depois, vir a suscitar um efeito de compartimentação que desaguou no modelo das Línguas e Literaturas[14]. E se em termos de dinâmica investigativa isso se traduz numa dissociação entre os Estudos Literários e a História, a Filosofia ou mesmo o estudo de outros códigos artísticos, no plano dos programas do ensino secundário isso conduziu ao ensino insulado da Literatura, com exclusão

---

[14] De entre os muitos diagnósticos que ultimamente vêm incidindo sobre a evolução dos estudos literários destaco o de Eugene Goodheart, que integra o elenco das referências bibliográficas finais.

intradisciplinar e interdisciplinar de tudo o que não tivesse a ver com a materialidade do discurso verbal.

Em toda a sua extensão, encontram-se ainda por apurar as consequências deste ocaso do projecto filológico, quer na Universidade quer no Ensino Secundário. Se, por um lado, na Universidade, ele se traduziu em evidentes ganhos institucionais, dando origem à emergência de novos departamentos e campos de investigação, o empobrecimento que daí resultou em termos de fechamento a outras áreas viria a revelar-se pernicioso. No plano do Ensino Secundário, o resultado mais gravoso traduziu-se no facto de o professor de Português se ter vindo a converter num *técnico especializado*, sentindo-se desobrigado de incorporar nas suas aulas a vasta vertente cultural que acompanhava o *ethos* filológico.

O processo de substituição da Filologia e da História literária nacionalista, enquanto matrizes inspiradoras de todo um programa educativo centrado na ideia de **Património** não se verificou, porém, de forma abrupta. Basta considerar a importância do que está em questão para concluir que seria muito difícil que assim tivesse acontecido. Está realmente em causa uma ideia de *nação* ou de *pátria* (só mais recentemente se viria a falar em *cidadania*), um horizonte cultural de base identitária. Só assim se explica que, apesar de todas as actualizações verificadas, os programas se tivessem, por tanto tempo, mantido fiéis ao ordenamento de base histórico-literária (sobretudo na área das Humanidades); só assim se explica, inclusivamente que, mesmo em situações de profunda ruptura política (é, entre nós, o caso de Abril de 1974) este substrato não tenha chegado a ser posto radicalmente em causa.

A dimensão e a natureza do problema compreendem-se ainda melhor se procedermos à demarcação dos momentos-chave de um itinerário, que esteve longe de ser linear, caracterizando-se antes por uma soma intercalada de avanços, recuos e constantes tentativas de adaptação[15]. O primeiro marco deste processo pode talvez localizar-se, entre nós, na segunda metade da década de 70, do século passado. De facto, é por essa altura que, a par da história literária e com vontade crescente de lhe tomar a dianteira começa a emergir uma nova disciplina de pressupostos sociais igualmente

---

[15] Apesar de tudo, estas hesitações parecem não ter produzido alterações importantes no chamado *cânone escolar*. No trabalho, já citado, de Pedro Balaus Custódio encontramos a demonstração clara deste mesmo postulado (v. em especial o cap. IV, abrangendo o período que medeia entre o fim do Estado Novo e a actualidade).

poderosos. Refiro-me à Linguística sincrónica e descritivista, que toma por objecto o funcionamento gregário dos signos verbais. Novos conceitos, uma epistemologia aparentemente mais segura e, sobretudo, um lastro ético focalizado na **comunicação** depressa exerceram sobre os estudos literários uma poderosa acção de fascínio, tanto mais facilitada quanto os protagonistas desta mesma Linguística militavam antes no campo comum da Filologia, aí se destacando, muitas vezes, pela inovação, criatividade e abertura em relação a outras áreas disciplinares.

Inicialmente abrangente (pelo menos na formulação cunhada por Saussure), a nova ciência viria depois a desmultiplicar-se, seguindo uma linha de especialização de objecto e de perspectiva. Na sequência dessa subdivisão, cumpre justamente destacar a Pragmática (uma das áreas maiores da Linguística moderna, a par da Sintaxe e da Semântica), entendida como forma de ler e construir, em situação, os diferentes tipos de discurso (todos os tipos de discurso mas, sobretudo, por evidente reacção anti-filológica, aqueles que mais imediatamente podem repercutir-se na vida prática). Desta forma se consumava, primeiro na investigação e na docência universitária e, logo depois, nos programas e na pedagogia do ensino não superior, um lento processo de desnobilitação do texto literário, amortecido na sua dimensão de **legado** e, nessa medida, tornado equivalente a qualquer outro[16].

Esta nova atitude imanente e neopositivista, que começou a instalar--se entre nós por meados dos anos 70, teve como consequência mais imediata a separação entre o texto literário e o seu contexto, envolvendo o halo cultural inerente à sua criação e à sua recepção[17]. É necessário lembrar, contudo, que nada de novo se estava a passar. Tratava-se, afinal e tão-só,

---

[16] Para um balanço abrangente da influência da Pragmática nos estudos literários, vejam-se Françoise Armengaud e María Victoria Escandell Vidal (em especial, neste último caso, o capítulo 12, justamente intitulado "Pragmática y Literatura").

[17] A história deste processo encontra-se ainda por fazer, entre nós. Quem quiser levar a cabo este trabalho não pode deixar de avaliar o circuito (nem sempre directo) que, em determinada altura, se estabeleceu entre a investigação universitária e o ensino secundário. Não pode, inclusivamente, deixar de ter em conta o papel que nesse domínio desempenharam alguns nomes da Universidade, nomeadamente aqueles que se revelaram mais influentes, em termos de magistério e de publicações.

Sobre a transformação do conceito de literatura no paradigma imanentista e os seus efeitos na cultura literária do secundário, a partir dos anos 60, veja-se, para o caso francês, o já citado estudo de Houdart-Merot, pp. 169 e ss.

do regresso da Retórica, a velha fénix sempre pronta a renascer, mal a História dá sinais de alguma fraqueza.

Esta reacção não conduziu, sequer, a alterações substanciais na forma como o saber circulava na sala de aula. Se anteriormente a *auctoritas* residia essencialmente nos compêndios e no saber do "professor-intelectual", a referência discursiva passou a ser o "professor-especialista" (cf. Luperini), agora acolitado, muito de perto, pelo manual escolar (espécie de **livro novo**, que visava constituir a síntese entre o antigo compêndio de história literária, a gramática e a antologia). O ideal da democratização do sentido (tão acalentado pelos primeiros corifeus do Estruturalismo, por exemplo) não passou assim disso mesmo: de um ideal impossível de cumprir, pelo menos no ensino secundário. Contra algumas expectativas, os seus efeitos não se fizeram sentir significativamente nas práticas lectivas, agora mais interessadas na descrição dos processos técnico-formais do que na exploração interpretativa dos conteúdos. A tónica de cientificidade que andava associada a estas práticas manteve os alunos na situação de meros receptores de um saber dominado apenas por especialistas, sendo apenas induzidos a repetir as operações de análise descritiva efectuadas pelos seus mestres[18].

A descaracterização dos objectivos tradicionais da disciplina de Português era, já então, por demais evidente: depois das prelecções e do sebentarismo histórico-literário, diminuíam agora, na sala de aula, os momentos de leitura (incluindo a chamada "leitura expressiva"), a interpretação e a construção de discurso crítico e criativo. Contra todas as expectativas e boas intenções, o preço da aquisição de um *saber-fazer*, de base técnica, acabaria mesmo por traduzir-se numa inevitável desqualificação social. Embora podendo julgar-se admirado por possuir um *saber de ponta*, o professor de Português cedo se viu privado do ascendente que detinha sobre os outros colegas, que o viam como verdadeira referência, em termos de Língua e em termos de Cultura, reconhecendo-lhe inclusivamente a faculdade de intervir privilegiadamente na avaliação dos alunos.

Tomados na sua sucessividade e também na sua interpenetração, os excessos que acabo de identificar, estão associados ao modelo de forma-

---

[18] Encontra-se uma boa panorâmica das práticas de construção escolar dos sentidos textuais, vistas a partir dos manuais, no indispensável trabalho de Maria de Lourdes Dionísio (v. em especial, pp. 262 e ss.).

ção científico-pedagógica da grande maioria dos professores de Português que ainda hoje se encontram em actividade. E não pode deixar-se de ter em consideração esta simples circunstância, quando se ponderam estratégias de reciclagem (ou mesmo de debate), a propósito de conteúdos ou de métodos. É que, para além de todos os argumentos de matização que possam aduzir-se, o conforto dos positivismos terá sempre uma força enorme. Ao longo dos tempos, esse mesmo conforto vem constituindo uma espécie de atracção fatal, seja ele traduzido na Gramática, na Retórica (antiga ou moderna) ou na história literária (no sentido mais convencional, entenda-se). De uma forma ou de outra, qualquer destas disciplinas desempenhou já o papel de referência sumativa, para os professores de Português. Nesse processo de apego e de ingénua dependência, aliás, os docentes têm-se deixado arrastar, algumas vezes, para uma espécie de *complexo de inferioridade*, que resulta não apenas do inevitável conflito entre as diferentes disciplinas do *curriculum* mas também de um verdadeiro problema de autoestima[19].

Uma maneira possível de debelar esta síndroma passaria, talvez, pelo reforço da consciência de que o ensino da Língua e da Literatura maternas assenta em especificidades inalienáveis. De nenhuma forma pode admitir-se que as matérias em apreço possam comparar-se com aquelas que se inscrevem em bases epistemológicas positivas ou naturais. No ensino do Português, as metas importam, às vezes, mais do que os próprios conteúdos, não devendo esquecer-se que as metas mais nobres da nossa disciplina são inalcançáveis em prazos curtos e, ao contrário do

---

[19] Podendo embora incorrer em caricatura, julgo que o complexo a que venho aludindo pode ser ilustrado através do tradicional confronto de balanços (tantas vezes efectuados em sede do conselho de turma ou, mais informalmente, na sala de professores) pelos docentes de uma mesma turma: o colega de Matemática informa aliviado que concluiu as equações do primeiro grau, o de Ciências, que acabou de "dar" a fotossíntese e o de História que rematou o estudo das civilizações antigas. Perante balanços tão *substantivos*, o professor de Português sente o embaraço natural de quem não pode aduzir o começo ou o fim de uma qualquer matéria, nos termos de exacta mensurabilidade com que o fazem os seus colegas. A fórmula que muitas vezes encontra para se integrar neste balanço de tipo aditivo consiste então, muitas vezes, em arrolar um misto de conteúdos e objectivos de onde podem constar noções gramaticais, narratológicas ou, mais raramente, histórico-literárias. Pode ser então tentado a participar no dito balanço geral, informando os colegas de que acabou de dar a *Narrativa* ou o *Discurso Argumentativo*. Num registo de maior minudência, pode ainda tentar impor-se à admiração geral declarando que concluiu o estudo da *analepse* ou do *narrador omnisciente*.

que sucede com outras áreas do saber, não se relacionam de forma meramente aditiva. Em si mesmos, os conteúdos servem essencialmente para alcançarmos metas de natureza formativa relacionadas com a Língua, concebida como instrumento de *comunicação* e de *conhecimento,* e com a Literatura, entendida como forma de representação de realidades complexas, que mobilizam, ao mesmo tempo, o espírito crítico, a sensibilidade, a cultura e a inteligência[20].

Podendo e devendo fazer-se em qualquer momento e de forma continuada, o reforço dessa consciência deve começar, desde logo, no processo da formação inicial. De facto, uma das causas do estado a que se chegou relaciona-se com as indefinições que se vêm verificando desde há décadas quanto ao modelo de formação de professores (é bom lembrar que, depois de recentes avanços e recuos, ainda hoje coexistem variadíssimos modelos, sem orientações de critério nem padrões de exigência claramente definidos)[21]. É sabido, designadamente, que, ao longo da formação inicial, consumada em esquemas curriculares habitualmente inorgânicos, não se equacionam de forma suficientemente aprofundada as várias vertentes que integram o potencial formativo da Literatura. Nas Universidades, designadamente, os textos e os autores continuam, por norma, a ser analisados numa perspectiva de estrita prospecção investigativa, descurando quase por completo o estudo do impacto intelectivo e emocional desse mesmos textos e autores junto dos seres históricos que são sempre os alunos. Essa forma de conceber e estudar literatura no Ensino Superior cria depois efeitos de mimetismo no ensino secundário, gerando reacções de distanciamento e estranheza difíceis de vencer.

---

[20] Talvez mais do que acerca de nenhum outro assunto, justifica-se a abertura urgente de um debate acerca dos objectivos do ensino da Literatura nos diferentes níveis de ensino, gradualizando devidamente os níveis de exigência e as estratégias de impacto, para além de atenuar o efeito nocivo de numerosos equívocos e omissões. Num plano mais geral, Roberto Carneiro não deixa também de notar a premente necessidade de corrigir o problema, ao afirmar, na já citada entrevista a Joaquim Azevedo: "O afastamento da inflexão teleológica, isto é, do pensamento sobre as ultimidades da acção humana é causa de manifesta desorientação na paisagem educacional do mundo actual" (Cf., op. cit., p. 113)

[21] O quadro legal que baliza actualmente a formação de professores, reconhecidamente fragmentário e incoerente, reporta-se essencialmente aos seguintes textos normativos: Decreto/Lei n.º 344/89, de 11 de Outubro, Lei n.º 115/97, de 19 de Setembro e Decreto Lei 240/2001, de 30 de Agosto (estabelecendo os perfis de competência para o exercício da profissão docente). Pode consultar-se em Bártolo Paiva Campos (2003) uma boa resenha dos debates que se têm travado sobre esta matéria em Portugal nos últimos anos.

Em virtude desta disfunção, encontramos depois dois tipos de professores de Literatura: os que cultivam o saber de forma gratuita, perseverando no estudo e em acções de formação ministradas por agentes devidamente qualificados e os que gerem o saber adquirido na formação inicial, privilegiando as metodologias de transmissão. Claro está que o professor ideal de Literatura (bem como o professor de Humanidades, em geral) deveria situar-se entre um e outro modelo, revelando-se capaz de aliar o saber e o entusiasmo pela sua renovação com verdadeiras preocupações pedagógicas[22]. Para além de permitir *ensinar* e *aprender* Literatura, a Universidade deve hoje também preocupar-se com esses dois actos dialécticos, na busca de compromissos entre **saberes** e **competências**, entre **investigação** e **ensino**, entre **informação** e **formação**. Dessa forma, e para além de outro tipo de efeitos, se poderia combater a sensação de insegurança (ou de falsa segurança) que afecta boa parte dos estudantes e futuros professores de Língua e Literatura portuguesas.

Para o aprofundamento desta consciência, justificar-se-ia ainda levar a cabo um trabalho de base deontológica, tendente a sublinhar devidamente as especificidades do Português. Ao longo do percurso de formação inicial e contínua deveria nomeadamente haver mais ocasiões em que o formando fosse chamado a encarnar esta consciência polimorfa, este ónus particular que consiste em conjugar, na mesma disciplina, perspectivas de natureza linguística, literária e cultural. Não há nenhuma dúvida a este propósito: mais do que os colegas de outras disciplinas, o professor de Português sofre hoje de graves problemas ao nível da sua própria identidade:

---

[22] Um filósofo de esquerda como Régis Debray tomava, há pouco tempo, posição clara acerca dos efeitos de desequilíbrio que daqui resultaram:"l'école a une double vocation: transmettre et partager. À trop vouloir partager, il n'y a plus rien à transmettre, et c'est la disparition des disciplines, des contenus d'enseignement et l'animation socioculturelle en lieu et place de l'instruction. Mais à trop vouloir transmettre, on ne s'adresse plus à personne. Il s'agit donc de transmettre et de partager. Tout est dans l'articulation entre ces deux finalités de l'école, qui doit menacer l'accès de tous à la connaissance en dépit des inégalités de conditions ou de revenus. On a pu craindre, à un moment donné, que la volonté de partage social ne vienne à bout du passage des savoirs. Dans l'idée de transmission, il y a une connotation conservatrice et reproductive qui peut amener son contestataire de gauche à jouer l'idiot utile du libéralisme, au nom du peuple et de la démocratisation. Et c'est, me semble-t-il, ce qui a pu se passer dans les années 1960, 1970 et 1980: à trop vouloir se focaliser sur la reproduction sociale, on a pu accélérer la désintégration civile. En desqualifiant l'excellence, en dévaluant le diplôme, on a involontairement entraîné la promotion des plus malins par le fric et la combine." Entrevista concedida a Nicolas Truong, *Le Monde de l'Éducation*, n.° 328 (Setembro de 2004).

é afectado pelas profundas mutações que se vêm operando na Escola, em cujo âmbito foi perdendo peso; mas é também atingido por motivos que decorrem das alterações que, ano após ano, se continuam a verificar nos saberes que professa, nas metas que é chamado a perseguir, nos métodos que é instado a adoptar[23].

Pode sempre invocar-se como desculpa para esta situação que o professor não aprende verdadeiramente a sê-lo ao longo da sua formação inicial. Mas esse lugar-comum não serve de muito. Observando a sintaxe curricular em vigor na maioria das Faculdades de Letras e olhando para os conteúdos das cadeiras é ineludível a separação rígida entre as componentes ditas *científica* e *psicopedagógica*. Lembre-se que, nas variantes com Português, é confiada apenas a uma ou duas cadeiras a missão que talvez devesse ser antecipada pelo menos em algumas matérias específicas de Linguística e de Literatura. Defendo concretamente, no caso da Literatura Portuguesa, que, ao estudar textos e autores da Idade Média ou do Renascimento, o futuro professor não deveria limitar-se ao apuramento das aquisições investigativas, mas deveria, desde logo, perspectivar alguns dos problemas colocados no plano da transmissão desses mesmos conteúdos. O adiamento desses problemas para cadeiras do 4.º ano tem, como primeiro efeito nocivo, a quebra do vínculo entre a investigação e a transmissão pedagógica; no que toca directamente à Literatura Portuguesa, pode conduzir à terrível ilusão de que os dois planos se podem compartimentar de forma estanque[24].

A expiação

Um rol tão continuado de *excessos* tinha obrigatoriamente que conduzir a expiações. Sabe-se, aliás, que, em Educação, os desatinos aca-

---

[23] Em boa verdade, será difícil encontrar uma outra qualquer disciplina onde se tenham verificado tantas alterações, em termos de conteúdos e de metodologia. Para além do que aconteceu no ensino da Literatura, bastaria pensarmos no que ocorreu, ao longo dos últimos vinte anos, na investigação e no ensino dos conteúdos gramaticais (acerca deste último assunto, remeto de novo para o trabalho de Rui Vieira de Castro).

[24] Reporto-me, evidentemente, à velha mas nunca suficientemente clarificada oposição entre o modelo aditivo e o modelo integrado da formação de professores que, no caso dos docentes de Português, pode requerer soluções específicas.

As vantagens e as desvantagens gerais de um e de outro modelo foram bem analisadas por José Augusto Fonseca em estudo intitulado ("Percursos na formação inicial de professores: a corrida do caracol", in Maria Célia Moraes et alii (2003).

bam por ser pagos, mais cedo ou mais tarde. E também se sabe que a imagem do *excesso* se difunde com especial rapidez: instala-se na Escola onde, como já foi dito, os professores de Português foram perdendo a aura que, durante tantas décadas, os distinguiu junto dos outros colegas; chega aos gabinetes ministeriais, onde o eco dos desacertos surge quase sempre avolumado; e generaliza-se na própria opinião pública, emblematicamente representada pelos pais dos alunos. De resto, por via da sua própria experiência de discentes, os pais são implicitamente convidados a estabelecer confrontos entre o seu tempo de Escola e a escolaridade dos filhos.

Por efeito conjugado de todos estes factores, foi-se também gerando a ideia de que a disciplina de Português se afastou da sua missão primordial, ou seja, que já não serviria para ensinar a pensar, ler, escrever e falar bem (com *correcção e elegância*, como se costumava recomendar nos programas antigos)[25]. Amplamente difundida, esta visão desqualificante acabaria por se transformar em argumento para justificar a alteração profunda dos programas recentemente consumada.

Todavia, como sempre sucede quando está em causa uma transformação substancial, tornava-se necessário encontrar uma área de intervenção ou, se quisermos, um "bode expiatório". Compreende-se, desde logo, que a área escolhida tenham sido os programas, até porque se torna muito mais difícil actuar em qualquer outro domínio: na formação de professores ou no processo de selecção dos manuais e outros instrumentos de trabalho, por exemplo. A mudar-se substancialmente alguma coisa, a Literatura não poderia ser poupada. E foi realmente isso que sucedeu, através da diminuição drástica dos conteúdos literários na disciplina de Português.

Deve reconhecer-se, contudo, que o tempo de expiação não é de agora. Há sinais dele há pelo menos uma década. Se temos, por vezes, a ilusão de que tudo é recente, é porque só agora se entrou na fase cruciante do processo. Por muitas explicações sociológicas que possam aduzir-se (e é realmente necessário lembrar algumas, para compreender a

---

[25] Transcrevo nomeadamente objectivos do Programa Liceal que entrou em vigor em 1954 e que viria a estar em vigor durante duas décadas: "Habituar o aluno ao uso correcto e elegante da linguagem, quer falada quer escrita, e à disciplina do pensamento na concepção e na elaboração" (Cf. *Programas do Ensino Liceal*, Aprovados pelo Decreto--Lei n.º 39807, publicados no *Diário do Governo*, n.º 198, I Série, de 7 de Setembro de 1954, p.30).

situação), foi com a entrada em vigor dos novíssimos programas de Português, que a Literatura foi, pela primeira vez desde há cento e cinquenta anos, objecto de banimento sistemático: nos *curricula* do Ensino Secundário, onde foi remetida para um plano de evidente segregação (criação da disciplina de Literatura Portuguesa, teoricamente destinada apenas aos poucos alunos que, na Universidade, hão-de seguir cursos de Línguas e Literaturas[26]) e nos próprios programas de Português, onde para além de ser colocada a par de outros tipos de discurso, se tornou objecto de um estudo estritamente comunicacional (para aí apontam, nomeadamente, as orientações de cumprimento que acompanham os novos programas)[27].

Admitam-no ou não os autores dos novos programas e os responsáveis políticos pela Reforma que os instituiu, tal procedimento equivale a consagrar um importante conjunto de postulados:

1 – os textos literários não detêm potencialidades formativas superiores a outro tipo de textos, pelo que não se justifica a manutenção do destaque que vinham tendo nos programas de Língua Materna;

2 – o estudo dos textos literários na aula de Português pode fazer--se à revelia do seu enquadramento histórico e cultural, devendo integrar-se no mesmo registo comunicacional que subordina os outros conteúdos.

No âmbito da sintaxe curricular, a vertente cultural é implicitamente remetida para disciplinas como a Filosofia e a História, sendo certo que à disciplina de Língua Materna do Ensino Secundário fica reservada uma

---

[26] Por estranho que possa parecer, a criação deste curso constitui o sinal mais marcante da desqualificação do ensino das Humanidades em Portugal. Se, no plano teórico, a separação entre as Línguas e Literaturas e as Ciências Sociais é mais do que duvidosa, em termos práticos os resultados são ainda mais lesivos dos interesses dos alunos. Para mais, em face dos constrangimentos que impedem a criação de turmas abaixo de um determinado limite, os (poucos) alunos interessados em escolher esta área (demasiado específica e expressamente conotada com o futuro exercício da profissão docente) vêem-se obrigados a frequentar Escolas que funcionam longe das suas áreas de residência. Numa cidade de grandes tradições no ensino das Humanidades como é Coimbra, por exemplo, o curso de Línguas e Literaturas acaba, no ano (2004/2005), por estar disponível apenas numa Escola e reduzido a uma só turma.

[27] Veja-se o caso exemplar da Lírica de Camões nos programas de Português do 10.º ano, cujo estudo aparece integrado no âmbito da Autobiografia e submetido a uma elencagem tipológica, na qual as categorias literárias se misturam com formas discursivas não literárias.

missão outrora cumprida em níveis precedentes: a de proporcionar destreza e eficácia nos vários tipos de comunicação verbal.

3 – os textos literários a estudar pelos alunos devem reflectir, o mais possível, as vivências e as expectativas da contemporaneidade por eles vivida; deve, assim, evitar-se um contacto prolongado com textos e escritores anteriores ao século XIX, portadores de uma referencialidade estranha ao tempo dos alunos.

É possível que os autores dos novos programas sintam alguma dificuldade em assumir um ou outro destes pressupostos. Podem nomeadamente alegar (e têm-no feito com particular veemência) que se trata apenas de introduzir métodos novos para perseguir os mesmos objectivos de sempre e que, nessa conformidade, o estudo dos textos literários necessita de ser complementado com outro tipo de configurações discursivas, de forma a obter-se uma base de estudo mais representativa e, porventura, mais apelativa para os alunos. Reagindo com especial ênfase contra acusações de menosprezo da Literatura, os defensores da reforma podem ainda invocar a criação de uma cadeira exclusivamente centrada na Literatura Portuguesa, a funcionar como opção nos cursos de Línguas e Literaturas. Mas há um facto que não pode escamotear-se: a reforma que agora entra em vigor significa, na prática, privar a grande maioria dos alunos do contacto com algumas das zonas mais nobres do cânone[28]. Bastaria contabilizar a diminuição da percentagem de tempo consagrada ao estudo de textos literários nos programas de Português para o comprovar; chegaria atentar nos autores "sacrificados" (tendencialmente os mais antigos); seria suficiente, por fim, examinar as orientações metodológicas que acompanham os enunciados programáticos ou até a Bibliografia sugerida (onde sobressai a omissão quase sistemática da perspectiva histórico-literária) para não restarem dúvidas acerca da justeza dos três postulados que anteriormente enunciei.

---

[28] Adivinha-se que, por detrás desta estratégia se encontra o pressuposto de que o estudo dos textos literários do passado pode constituir factor de exclusão social. A verdade, porém, é que o binómio inclusão/exclusão não depende tanto dos textos em si mesmos como da perspectiva com que são abordados nos programas e nas salas de aula. Ocorre-me, concretamente, o exemplo de Gil Vicente, que fica agora unicamente ao alcance dos alunos do 9.º ano. Como se um autor desta dimensão patrimonial não devesse ser objecto de atenção por parte dos jovens portugueses que frequentam os anos seguintes. Noutra ocasião, procedi já a uma análise mais desenvolvida das potencialidades formativas dos textos vicentinos (Bernardes, 2003).

Perante esta realidade, é enorme a tentação de proceder a uma identificação de **adversários** ou **culpados**. Nela têm caído muitos "defensores" da causa da Literatura, cometendo designadamente as culpas aos linguistas anti-filólogos, supostamente constituídos em grupo de pressão sobre o Ministério, avessos à Literatura e às Humanidades em geral. A este respeito, é bom que se diga, em primeiro lugar, que a polémica que a tal respeito lavrou nos órgãos de comunicação social se revelou tão acesa como exagerada, incluindo farta cópia de juízos de intenção. Descontados os exageros do momento, não devemos equivocar-nos: é realmente impossível esconder que este golpe reformador encontrou grande parte da sua legitimidade nos *excessos* que vinham sendo cometidos no ensino da Literatura. Só nesta linha de actuação, se torna compreensível que, à luz dos objectivos agora proclamados, os conteúdos literários tenham sido vistos como um estorvo, mais atreitos a práticas de análise classificativas do que à decifração e à construção de mensagens.

Mais do que a adversários directos, estou em crer, de facto, que a responsabilidade maior pelo processo de menorização que atinge actualmente o ensino da Literatura cabe aos próprios agentes do seu ensino. Por outras palavras: a *expiação* que actualmente se vive é o resultado directo de uma série de *excessos* que descredibilizaram a presença do texto artístico nas aulas do Secundário (e também das Universidades, diga-se em abono da verdade). E compreenderemos ainda melhor a situação se tivermos em conta a particular flexibilidade (ou debilidade) dos próprios estudos literários, ultimamente varridos por ventos constantes de experiência hesitante e enfraquecedora.

A reposição de equilíbrio, ou seja, a recuperação da Literatura como área formativa no domínio do Português requer agora uma reavaliação de duas questões essenciais: o papel dos estudos linguísticos e dos estudos literários na formação de professores e a aferição dos objectivos no seio da disciplina. Deve ponderar-se, com a clareza possível, o papel dos objectivos comunicacionais, em correlação com outros, de natureza cultural. Importa, enfim, equacionar com objectividade a relação entre os estudos literários e a didáctica da literatura. Mais do que em qualquer outro campo, revela-se necessário, nomeadamente, promover sínteses activas onde, até hoje, tem predominado o mais incompreensível dos divórcios. Não pode compreender-se, concretamente, que o ensino da literatura permaneça hoje dividido entre *didactas* (que menosprezam tendencialmente a renovação do conhecimento) e *investigadores* (menos interessados na evolução das técnicas de ensino). É tempo, designadamente, de os cursos de formação de professores reflectirem essas mesmas sínteses produtivas, superando a fase da sobranceria e da desconfiança[29].

Os caminhos novos

A questão da definição dos objectivos de Português não pode passar, porém, sem um debate mais abrangente, a travar nos seguintes termos essenciais: o que fazer exactamente com a Literatura nos programas e nas salas de aula? Como incorporar essas orientações nos objectivos gerais da Escola de hoje?

Assim formuladas, as perguntas podem soar como novas (se não mesmo insólitas) aos ouvidos de alguns. Em boa verdade, nunca a questão tinha sido levada tão fundo e, talvez por isso, os professores de Português amantes da Literatura vêm sentindo tantas dificuldades em reagir. Em regra, não se tem ido além de uma certa indignação, quase sempre expressa em nome de uma noção sacralizada de Literatura – a mesma que remonta à velha *paidéia* humanista e aos avatares do Romantismo[30].

Ora, não há dúvida de que as circunstâncias recomendam agora um outro tipo de discernimento. É certo que não pode esquecer-se o papel desempenhado pela Literatura nos sistemas educativos do Ocidente ao longo de séculos, desde a *Polis* grega até aos nossos dias; há mesmo que ter a coragem lúcida de ponderar a recuperação adaptada de algumas das práticas que constituíam êxito no passado. Mas é absolutamente necessário ter em devida conta as alterações entretanto consumadas em termos

---

[29] A este respeito, subscrevo, na generalidade, os princípios defendidos por um grupo de colegas da Universidade do Minho (Rui Vieira de Castro, Luísa Alonso, Maria Eduarda Keating e Célia Pais): "Repensar a formação de professores na Universidade do Minho", in Maria Célia Moraes et alii (2003), pp. 173-190.

[30] O problema em apreço obriga-nos a recuperar a essência do próprio *ethos* filológico e do princípio humanista que o inspira, segundo o qual o homem é remível pela **instrução** e pela **piedade** (Cf. Eugenio Garin, em especial o capítulo 3). Não sendo agora viável entrar em linha de conta com o conceito de *remissão*, importa examinar os objectivos educativos a outra luz: como conciliar no processo educativo coisas tão diferentes como os gostos da pessoa e os interesses da comunidade? Como preparar alunos para um presente dinâmico e um futuro incerto? Como equilibrar apetrechamento técnico e qualificação humana?

de gostos e necessidades dos públicos escolares, relacionadas, de muito perto, com os novos horizontes de realização pessoal e comunitária que assinalam o nosso tempo[31].

Ecos importantes destas transformações podem encontrar-se, desde logo, na própria realidade universitária, ou seja, no âmbito da formação de professores de Português. Refiro-me agora, muito concretamente, ao problema do nível dos estudantes de Letras e ao peso específico que neles desempenha a componente vocacional. É sabido que, até há bem pouco tempo, os cursos de Filologia (e, depois, os de Línguas e Literaturas) eram essencialmente objecto de procura por parte de estudantes que gostavam de ler ou que, pelo menos, assumiam a leitura como obrigação inerente à própria frequência do Curso. Não admira, por isso, que nos *curricula* universitários de há 50 anos, a componente literária se sobrepusesse à componente linguística. Desse figurino curricular deveria resultar a formação de um verdadeiro apostolado da leitura de textos literários mediatamente assumido pelos professores de Português. Na realidade lectiva do Ensino Secundário, essa consciência traduziu-se depois na ênfase colocada nas diferentes formas de leitura e no comentário interpretativo (entretanto metamorfoseado em exercício de Composição).

Ensinar Literatura era, assim, nessa época já recuada, ensinar a escrever e a falar de textos e autores, cultivando em relação a eles, primeiramente o respeito devido aos grandes legados e, depois, a imitação da destreza e da elegância no uso da Língua. Ainda hoje é possível recolher testemunhos do desgosto e do embaraço sentidos por alguns colegas formados antes dos anos 70, quando começaram a ver os conteúdos literários da sua disciplina emparelhados com noções de linguística e teoria da

---

[31] Ocupando-se deste mesmo dilema, Hervé Hamon (célebre autor de dois inquéritos marcantes — *Tant qu'il y aura des profs*, 1984 e *Tant qu' il y aura des élèves*, 2004) pronuncia-se com clareza: "Je dirai que j'ai rencontré deux types de professeurs. Il y a ceux qui acceptent l'ambition démocratique: ceux-là adaptent leurs méthodes d'enseignement et de travail, ils vérifient que l'élève a vraiment pris possession du savoir transmis. Et il y a ceux qui veulent qu'on leur change les élèves, parce qu'ils ne veulent pas changer leur manière de faire. L'exigence de qualité des premiers me semble supérieure", Entrevista a Caroline Brizard, in *Le Nouvel Observateur*, n.º 2078 (2-8 septembre 2004), p. 8.

Também a influente revista *Le Monde l'Education* (330, Novembro de 2004) dedicou ao problema do revivalismo nos métodos educativos um dossier sob o esclarecedor título "Les pièges de la nostalgie", contemplando entre outras, as questões da caligrafia, da leitura e da educação moral.

comunicação[32]. Essa situação de desconforto encontra-se, aliás, na origem daquele que terá sido o maior conflito geracional que marcou o universo dos professores de Português, ao longo de todo o século XX: de um lado, situavam-se os que ensinavam as cantigas de amigo, *Os Lusíadas* ou *Os Maias*, de acordo com o modelo convencional da história literária e da estilística; do outro, os que, para ensinar os mesmos textos, se serviam de esquemas semiótico-comunicacionais e narratológicos.

Como atrás se viu, nenhuma destas gerações pode considerar-se imune a *excessos* (até porque, independentemente de qualquer matriz de formação, na realidade lectiva contaram sempre factores humanos imponderáveis). É justo reconhecer, em todo o caso, que, para além dos constrangimentos do programa e da avaliação, a 2.ª geração de professores foi levada a menosprezar mais dolosamente a expressão escrita, concebida em bases de correcção e de criatividade. Enquanto a primeira orientação pressupunha exercícios frequentes de composição, a segunda, de carácter mais analítico, apelava sobretudo à argúcia do aluno e à sua capacidade para reconhecer recursos de base retórico-estilística. Não pode haver dúvidas de que este segundo tipo de atitude veio a traduzir-se num maior afastamento da disciplina de Português em relação aos seus fins habituais. E isto sem que os fundamentos e objectivos do novo paradigma tivessem sido alguma vez suficientemente esclarecidos junto dos professores.

Qualquer estratégia de reabilitação do Português passa agora, pois, pela credibilização das suas potencialidades formativas. É fundamental, em todo o caso, que essa reabilitação não continue a ser vista como sendo apenas do interesse particular de um determinado sector corporativo[33]. O depauperamento geral do prestígio da disciplina de Língua Materna deve constituir um sinal alarmante para todos os que, em Portugal, se preo-

---

[32] Deve notar-se que essa transformação ocorre em simultâneo com o processo de massificação do ensino. Resta apenas saber em que medida esse facto se deve a uma simples coincidência ou se, pelo contrário, existe nele uma relação de intrínseca causalidade.

[33] Como todos bem sabemos, a grande maioria das polémicas que a este respeito se travam no domínio da comunicação social traduz afrontamentos corporativos. E é muito negativo que as diferenças de opinião que têm vindo a público a propósito dos programas de Português não escapem a esse labéu. Há talvez, no futuro, que encaminhar o debate num sentido mais amplo e menos comprometido. Salvo melhor opinião, o caminho deverá ser sempre o da actualização dinâmica desse mesmo confronto de ideias, tanto quanto possível, fora dos constrangimentos de circunstância.

cupam com o bem comum e não apenas para os professores de Português. Da parte dos responsáveis directos, o primeiro passo para superar a situação reside, justamente, no reconhecimento humilde de uma série de *excessos*, historicamente encadeados e na adopção de uma estratégia de reequilíbrio que sirva os interesses dos alunos e do país[34].

Nesse sentido me atrevo a formular uma proposta de reflexão centrada em cinco aspectos, a avaliar no seu conjunto, ou seja, no ordenamento particular em que se inscrevem. Faço-o na perspectiva de evitar a recuperação radical de soluções do passado, por muito bons resultados que tenham já produzido noutros contextos; mas também na convicção de que devem ultrapassar-se velhos preconceitos em relação a esse mesmo passado, uma vez que eles podem levar à exclusão de contributos importantes para soluções novas e adequadas. Ainda aqui, portanto, o caminho mais sensato parece ser o das sínteses.

   a) *recuperação doseada da história, enquanto forma privilegiada de densificar culturalmente o texto literário e da retórica (que o transforma em artefacto estético);*

A história e a retórica de base descritiva constituem os dois auxiliares naturais da pedagogia do texto literário e torna-se necessário evitar que entre essas duas componentes se venham de novo a verificar proporções indevidas e conflituais. Não deve esquecer-se aliás, que, de forma alternada, um e outro erro estiveram na origem de grande parte dos *excessos* até hoje cometidos no ensino do Português. De resto, parece fora de questão que tanto a história literária como a retórica constituem uma base de ensino de muitas matérias, confluindo na criação de uma atitude hermenêutica perante a escrita da vida e perante a vida em si mesma. Tudo está, pois, afinal, em respeitar equilíbrios e em ajustar esses quadros disciplinares às linhas de conduta educativa em presença.

Por outro lado, só a conjugação entre estas duas componentes poderá contribuir para devolver densidade cultural ao texto literário, tornando-o

---

[34] Para apaziguamento de alguns remorsos, pode todavia lembrar-se que, a ajuizar pelo que se passou e vem passando na maioria dos países europeus, esses mesmos *excessos* poderiam talvez ter sido minorados nas suas dimensões; mas seria improvável que não tivessem ocorrido de todo.

mais rico em potencial formativo. Permitirá, ao mesmo tempo, pela via da retórica, salvaguardar a sua especificidade artística e, com ela, o diferimento de sentido que qualifica os textos literários, distinguindo-os de todos os outros.

À luz destes princípios não se afigura aconselhável, por exemplo, o estudo emparceirado e consecutivo d'*Os Lusíadas* e de *Mensagem* (tal como se encontra previsto no programa de Português do 12.º ano). Não o consente a perspectiva histórica nem tão-pouco o legitima o fundo retórico de um e de outro texto, uma vez que, por detrás de um lastro épico comum, se manifestam diferenças essenciais de forma e de conteúdo[35].

b) *alteridade diacrónica (vs acronismo, que conduz ao disfarce dos autores do passado);*

Tomados durante décadas como objecto essencial de estudo, os contextos foram depois reactivamente votados a um desprezo quase absoluto. Nessa medida, depois de, ao longo de muitos anos, se ter estudado a épica de Camões com base em *clichés* retirados da historiografia dos Descobrimentos, passou a ser corrente estudar os mesmos textos, na ignorância dos quadros mentais que lhes servem de baliza. Há agora que evitar o regresso a um e a outro excesso, encontrando formas sensatas de valorizar a dimensão histórico-cultural das obras sem cair no exagero de fazer dela o objecto central de análise ou esquecendo que, mesmo lidando com contextos, estamos sempre perante construções textuais insaturáveis[36].

---

[35] Para uma crítica mais desenvolvida deste infeliz emparceiramento, veja-se Osvaldo Silvestre (2002).

[36] Uma das formas mais correntes de diferenciar as várias correntes dos estudos literários foi sempre a maior ou menor importância que cada uma atribuía aos contextos. Se a história literária tradicional (pelo menos em algumas das suas orientações) assumia o contexto como parte determinante do sentido dos textos, os imanentismos tentaram proceder à sua rasura, negando-lhe potencialidades científicas. Nenhuma destas duas atitudes radicais goza hoje de aceitação. Ninguém se atreve já, nomeadamente, a assumir as coordenadas contextuais como suficientes para a determinação do sentido e poucos são, por outro lado, aqueles que enjeitam a importância dessas mesmas coordenadas para alcançar o mesmo desiderato. No essencial, a questão está em que a história literária supere a ingenuidade epistemológica em que tantas vezes incorreu, nomeadamente quando concebeu o contexto como elemento objectivamente perceptível, esquecendo que este não passa, afinal, de uma interacção de vectores seleccionada e construída pelo leitor.

Ressalvadas estas cautelas, está fora de dúvida que o estudo dos contextos se revela de uma flagrante utilidade para a compreensão dos sentidos textuais, em registo simulta-

Uma via correcta e pedagogicamente promissora poderia ser justamente a exploração do apelo de alteridade implícito nos próprios contextos. Apresentar um texto e um autor antigo a um aluno de hoje deve, antes de mais, significar a possibilidade de contacto com valores e sentimentos de diferença. O contrário (ou seja, a suspensão desta margem de indeterminação) equivale a desperdiçar o enorme potencial formativo que pode resultar desse encontro de novidade. Afinal, a Literatura serve para ensinar Língua mas também serve para transmitir muitas outras coisas importantes. Enquanto condensação privilegiada da aventura dos homens (apresentada em proporções muito variáveis de verdade e de ficção) a escrita literária assume-se como testemunho do itinerário profundo da humanidade, em níveis mais vantajosos do que qualquer outra disciplina, incluindo a História e a Filosofia[37].

Tendo em devida conta os riscos inerentes a esta atitude (que, deve reconhecer-se, conduziu, no passado, a um historicismo extremado) poderá obviar-se a uma tendência hoje muito instalada: a de anacronizar os textos, projectando-os, a todo o custo, no tempo de leitura dos alunos. A ideia mirífica é, muitas vezes, a de provar que os autores antigos são intemporais e, nessa medida, fáceis de entender. Com esta manobra, perdem os textos, que se vêem objecto de uma descaracterização evitável; e perdem os alunos que, iludidos com uma sensação de (falsa) familiaridade, desperdiçam o ensejo de descobrir mundos diferentes.

A este respeito, há sobretudo dois problemas que se levantam com particular acuidade: a própria concepção de contexto e os graus de consecução do seu estudo. Não há dúvida de que as opções mais convencionais consistem em entender o contexto na sua acepção histórico-cultural (e não tanto na sua vertente estética) o que leva a fazer preceder o estudo do texto do levantamento de um conjunto mais ou menos vasto de parâmetros contextuais. De acordo com este tipo de procedimento, estudar o *Auto da*

---

neamente histórico e retórico. Uma das correntes críticas que mais tem contribuído para a renovação de que venho falando é, sem dúvida, o *New Historicism* (também conhecida pelo nome de *Poética cultural*), reportada a nomes-chave como Stephen Greenblatt e Louis Montrose.

O leitor interessado encontrará uma panorâmica geral desta corrente no volume de Brannigan (1998).

[37] Esta asserção, que vem sendo proclamada ao longo dos séculos, encontra no nosso tempo, exemplos bem elucidativos em filósofos que encaram a Literatura como área de inquirição especialmente profunda. Penso em nomes de particular influência como Michel Foucault, Jacques Derrida ou Georges Steiner.

Índia poderia implicar uma caracterização histórico-social da época de Gil Vicente (redutoramente etiquetada com o adjectivo "renascentista"), com menção do Humanismo (e da sátira que supostamente o caracteriza) de Erasmismo e da crítica moral que lhe anda associada ou mesmo do famigerado "antropocentrismo", sistematicamente oposto ao "teocentrismo" da Idade Média. Já se torna mais raro falar-se da *farsa*, enquanto género marcante do teatro tardomedieval europeu, essencialmente definido pela mecânica do riso e do engano. E, no entanto, este tipo de traços revela-se de uma importância maior para a compreensão contextualizada de toda a problemática evocada no auto vicentino.

À luz destes princípios, torna-se necessário assentar num pequeno conjunto de regras orientadoras da integração do contexto na didáctica do texto literário. Tenha-se em conta, em primeiro lugar, que aquilo que designamos por *contexto* resulta sempre de uma selecção e não de um inventário exaustivo; sublinhe-se depois que essa selecção há-de obedecer a critérios de pertinência hermenêutica (a essa luz, por exemplo, nenhum dos parâmetros contextuais que evoquei, em primeiro lugar, a propósito do *Auto da Índia*, se revela acertado); destaque-se, por fim, que se revela bem mais vantajoso proceder a um estudo integrado do contexto (chamando à colação os elementos que se forem revelando pontualmente oportunos), em vez da atitude de precedência causal que normalmente se adopta. Nessa medida, parece mais acertado percorrer o circuito texto/contexto/ /texto, deixando as sínteses para uma fase posterior.

c) *fomento de uma atitude interpelativa e derivativa perante os livros (e não apenas de uma atitude descritiva e parafraseante);*

Em regra, deve admitir-se que os alunos podem ir longe no entendimento de um qualquer texto literário e do mundo que nele se evoca. Nessa medida, para além do seu suporte técnico-formal, os textos têm que ser considerados no seu espessamento ideológico e afectivo. Também neste domínio se torna necessário superar o velho trauma do *endoutrinamento*, enquanto prática de análise que fazia do texto manancial directo de orientações morais[38]. Por não se ter sabido superar esse trauma, as práticas

---

[38] Confinando-se ao caso francês, Violaine Houdart-Merot situa este tipo de cultura literária entre os anos de 1880 e 1925, descrevendo-a nestes termos "Culture gratuite, à pretention, universelle, destinée à former un honnête homme, doté à la fois de raison, de goût

pedagógicas centradas nos textos literários têm vindo a desperdiçar, na prática, o contacto enriquecedor com as axiologias em que assentam esses mesmos textos. Não necessariamente para as imitar, mas para as conhecer e para tirar proveito diferido desse enriquecimento cultural.

Enquanto sujeitos de leitura, os alunos podem inclusivamente avançar no entendimento de si próprios, desde que sejam orientados em diferentes patamares da sua percepção intelectual e fruitiva. Importa sobretudo que eles próprios desenvolvam hábitos de interpelação e apropriação capazes de durar para além da Escola. E sabe-se que, no que diz respeito a este aspecto, os textos que melhor cumprem essa função figuram nos *grandes livros*, aqueles que nunca acabam de nos dizer o que têm para nos dizer[39].

Mais do que responder às questões analíticas elaboradas pelo professor (apenas destinadas, em princípio, a testar a compreensão geral), a formulação de perguntas por parte do aluno deve ser incentivada, sobretudo através da localização dos principais núcleos de ambiguidade que nele possam existir. Tornar-se-á possível, deste modo, assegurar efeitos de interacção que são próprios da leitura literária, fazendo dela não apenas a demonstração de um saber passivo mas também uma actividade verdadeiramente formativa, assente no saudável hábito de *perguntar*, de *reagir* intelectual e afectivamente, de *conviver* com o mistério e de *descobrir* focos de descoberta e de verbalização.

Embora talvez em proporções diferentes, pode dizer-se que esta omissão é comum ao retoricismo e ao historicismo. Tanto num como no outro caso, o *saber literário* era fixado pelo professor, sem grande margem para partilha com a massa discente.

---

et de consciente morale, à laquelle se mêlent parfois des exigences de réflexion personelle, de méthode expérimentale ou d'originalité d'héritage du romantisme" (op. cit. p. 86). Registe-se, porém, que entre nós, e por via de circunstâncias siociopolíticas especiais, esta orientação subsiste muito para além do período assinalado.

[39] Retomo aqui, evidentemente, a célebre noção calviniana de *clássico*: "Un classico è un libro che non ha mai finito di dire quel che ha da dire" (Calvino, p. 13). Evoque-se, a este propósito, a longa e acirrada polémica que, por meados de Oitocentos, envolveu os defensores do cânone greco-latino e os adeptos das letras modernas. Defendiam os primeiros que só os textos antigos detinham espessura suficiente para suscitar comentário, interpretação e verdadeira aprendizagem; os segundos, por seu turno, em nome de um *ethos* de modernidade e adequação à história, proclamavam a necessidade de habilitar os alunos a usarem a Língua com versatilidade e adequação, fazendo dela um instrumento de promoção social, no âmbito da cidadania iluminista e burguesa. Sobre este mesmo o assunto, veja-se Aguiar e Silva, pp. 20-21.

Posso imaginar que a atitude bem mais desassossegante que agora se defende não seja do total agrado de alguns professores. Mais do que uma deriva metodológica, o que está em causa é uma nova forma de tirar proveito das dificuldades de leitura que o texto literário naturalmente coloca: deveremos tomar os alunos como receptores dóceis de um qualquer saber mensurável ou será preferível que os estimulemos no sentido de virem a reagir e a crescer em face dessas mesmas reacções, no plano da cultura, da sensibilidade e do domínio da expressão?

Não é fácil obter uma situação-padrão (este é, de facto, um dos pontos em que mais se faz sentir a falta dos inquéritos rigorosos a que aludia no princípio deste trabalho) mas talvez não ande muito longe da verdade se disser que a maioria das aulas centradas no texto lírico se distribui essencialmente por duas fases: a detecção de temas e a classificação dos recursos estilísticos tidos por mais importantes. Dependendo do autor em questão e da fase do estudo, pode fazer-se preceder este trabalho do inventário mais ou menos extenso de coordenadas contextuais e rematá-lo com a ponderação do enquadramento periodológico. No texto narrativo, por sua vez, a prospecção temática é muitas vezes substituída pela paráfrase e os recursos estilísticos cedem o lugar ao código técnico-narrativo.

Ora, independentemente das variáveis a ter em conta (designadamente as que resultam do nível dos alunos), atrevo-me a dizer que se pode e deve ir um pouco mais longe, quando se lida com textos literários especialmente densos. Não podemos resignar-nos, em todo o caso, a que alunos do Secundário que, em outras cadeiras são convidados a treinar o raciocínio em níveis elevadíssimos de abstracção, se fiquem, nas aulas de Português, por este tipo de catalogação escolástica. Até porque daí deriva uma ideia generalizada de saber menor (o que, a breve trecho, significa inútil).

d) *maior ênfase conferida aos conteúdos e ao seu enraizamento em coordenadas de pensamento e de sensibilidade;*

Após uma época (aliás, já bastante remota) em que os alunos eram chamados a pronunciar-se subjectivamente sobre os conteúdos dos textos (nas famosas Redacções), a chamada interpretação dos textos literários foi ficando prisioneira de perguntas cada vez mais directas, visando testar a capacidade de compreensão imediata do enredo (quando se trata de textos narrativos) ou dos temas (quando estão em causa textos líricos).

Na prática, não se vai além desta fase descritiva, bastando que o aluno acerte na identificação dos momentos fortes da acção ou nos temas em presença. A maior parcela do esforço é canalizada para a catalogação analítica dos aspectos formais, quase sempre destituída de orientação hermenêutica.

A aposta deve agora contemplar também as unidades de sentido, à luz dos códigos de que derivam. Falar da temática amorosa em Camões, em Garrett ou em Eça há-de ser algo mais do que assinalar essa mesma presença. Como se o tema do Amor correspondesse a um sentimento vivido de forma idêntica em todas as épocas e por todas as pessoas. Muitas vezes, para detectar especificidades, basta atentar na sintaxe que se estabelece entre os diferentes núcleos temáticos: não é a mesma, em qualquer um destes autores, a relação entre o Amor e a Natureza, a Morte, o Desengano, etc. Essas diferenças hão-de constituir, pelo menos, motivo para inquirição mais funda, convocando pressupostos que têm a ver com a época e com a idiossincrasia de cada autor.

Claro está (retomo aqui uma linha de pensamento antes aflorada) que a possibilidade deste tipo de análise pressupõe a abertura a outras áreas do saber[40]. Não se ignora, tão-pouco, que esta atitude interpretativa se revela bem mais exigente no plano da informação que é necessário mobilizar. Mas também não há dúvidas de que as compensações envolvidas justificam bem o esforço a empreender, tocando não só o interesse directo do aluno mas também, creio-o bem, a própria autoestima do professor. É imperativo, nomeadamente, que o professor de Português recupere, no seu país, a centralidade e a irradiação positiva que os seus colegas de Francês ou de Espanhol detêm em França e em Espanha, por exemplo.

---

[40] Na medida em que se pede ao professor de Português a mobilização constante de saberes múltiplos, o problema da interdisciplinaridade revela-se absolutamente decisivo na sua formação inicial e contínua. Trata-se de um problema que nunca se apresentou cabalmente resolvido no âmbito da própria Universidade; mas tem de reconhecer-se que ele se agravou substancialmente com a emergência do paradigma imanentista e comunicacional. O caso mais ilustrativo a este respeito é o do professor que, confrontado com a necessidade de explicar um qualquer episódio camoniano de base histórica ou filosófica se sente tentado a recorrer ao colega de História ou de Filosofia, alegando que a sua formação não é enciclopédica. Ora, independentemente de outro tipo de considerações que não cabe agora produzir, parece-me que o professor de Português não poderá nunca prescindir de um saber multifacetado. A questão está em saber sempre discernir o essencial do acessório, os objectivos prioritários e aqueles que apenas deve considerar num plano de adjuvância.

e) *aposta na formação de leitores como contrapeso à ideia de saciedade com que os jovens ficam no termo do Ensino Secundário, a propósito de qualquer autor ou de qualquer texto;*

Apesar de ninguém duvidar da bondade desta aposta, a verdade é que, nos últimos anos, se tem caminhado em sentido contrário. Mais do que transmitir conhecimentos sistemáticos, que possam ser depois objecto de uma avaliação fechada e objectiva, o ensino da Literatura deve constituir uma iniciação a uma prática que se deseja duradoura e continuada. Isto é, através do contacto com os textos e os escritores, o aluno deve essencialmente colher estímulos para continuar a ler livros, idealmente até para fazer do livro uma metáfora do mundo que se oferece como desafio de decifração. Não é bom estudar um livro sem dele ser depois capaz de reter uma ideia concreta; mas é igualmente negativo estudá-lo para dele elaborar depois um conjunto de ideias irreversíveis e configuradas em registo fechado, desde o plano formal ao plano dos conteúdos. Seja em que nível for (a Universidade não constitui, a este propósito, nenhuma excepção), deve prevalecer a ideia de que ficam muitas coisas por dizer e descobrir.

Para evitar equívocos e expectativas desajustadas, torna-se imperioso lembrar ainda uma verdade essencial: a de que as leituras proveitosas nem sempre são leituras fruitivas. E isto sucede, de modo particular, com os chamados "grandes livros", aqueles que merecem ser lidos, independentemente das dificuldades que apresentam. Na medida em que constitui, para muitos alunos, o único lugar de encontro com a Literatura, a Escola deve assumir todos os riscos inerentes a essa circunstância: pode, desde logo, não se tratar de um encontro de prazer imediato, importando mais que dele resultem consequências diferidas; pode arreigar-se a ideia de que um livro se lê definitiva e totalmente, de uma só vez. Ora, como muito bem sabemos, a verdade é bem diferente: não se lêem assim os livros e não se lê assim o mundo.

Vistos no seu conjunto, os cinco aspectos que proponho apresentam possibilidades de repercussão em vários planos: programas, papel da disciplina de Português no ordenamento curricular, métodos de ensino, objectivos específicos da disciplina, etc. As áreas de incidência mais relevantes são, porém, a da formação de professores e a da prática docente propriamente dita. Trata-se de duas temáticas que envolvem algum melindre, não sendo por acaso que uma e outra permanecem há tanto tempo carentes de uma intervenção reguladora no plano legal. Justifica-se, sobretudo, criar uma nova atitude para com a profissão, desfazendo a ideia cada vez mais instalada de que pode dispensar-se um grande investimento nos conteúdos, até porque os alunos não teriam motivação nem capacidade para deles tirar qualquer tipo de proveito.

É essencial não esquecermos – nós, os que gostamos de Literatura e acreditamos nas suas potencialidades de formação geral – que, mais do que nunca, se impõe hoje desenvolver um esforço porfiado de catequese básica e esclarecida, dando testemunho público da legitimidade dos nossos gostos e da utilidade das nossas crenças.

Antes, porém, para que as nossas convicções possam depois irradiar, tocando o entusiasmo e a sensibilidade dos alunos, torna-se necessário convencermo-nos a nós próprios. Essa será, porventura, a consequência mais negativa dos excessos cometidos: a autodepreciação corrosiva que parece ter invadidos os cultores das Humanidades. Passada esta fase de *expiação*, é desejável que se alcance também uma nova margem de legitimidade, no âmbito dos saberes escolares e junto dos próprios centros de decisão.

A força e a consistência das nossas crenças devem inclusivamente levar-nos a reclamar a presença da Literatura nas práticas de ensino, desde os níveis mais precoces. Nenhuma prática se revela tão útil no estímulo das competências de compreensão e de criação. Tratar-se-á, naturalmente, de actividades doseadas, tanto em termos de recorrência como em termos de definição de objectivos (o principal deve ser mesmo o de *dar a conhecer*, explorando o maior móbil de conhecimento que existe para qualquer criança – a curiosidade livre). Para além de útil em si mesmo, este desiderato pode ainda constituir uma iniciação fecunda, uma base que permitirá depois, em níveis mais avançados, a consecução de outro tipo de objectivos.

Realmente, assim como as competências de comunicação verbal devem ser desenvolvidas por fases, em sintonia com a evolução dos diferentes ciclos de escolaridade, também o ensino da literatura se deve adequar a esses mesmos ciclos, demarcando e entrosando as fases da iniciação (do 5.° ao 9.° anos), do aprofundamento (10.° e 11.° anos) e da diversificação pré-especializada (12.° ano).

Trata-se, em primeira instância, de levar o pequeno aluno a tomar contacto com universos ficcionais adequados à sua idade. Mas isso não parece incompatível com o conhecimento das figuras do cânone literário tradicional, através de adaptações e de material audiovisual e informático.

Seja como for, é claro que nenhuma destas estratégias poderá resultar sem que se consolidem e divulguem devidamente alguns postulados que andam esquecidos. O mais importante de todos eles é, sem dúvida, o de que a Literatura é uma das mais altas realizações (técnica, afectiva e social) do espírito humano. Só nessa medida pode fazer-se sobressair a sua utilidade pedagógica. O cepticismo em relação a este postulado, que entretanto se instalou, resulta, em grande parte, da supremacia do raciocínio linear sobre o raciocínio complexo, da resistência aos saberes que não desfrutam de uma utilidade imediata. Os educadores não podem, todavia, capitular perante esta pulsão de abatimento. Pelo contrário: devem resistir e continuar a apelar ao *fascínio útil da complexidade*. Só nessa base se torna possível demonstrar que existem muitas coisas para ensinar e aprender com a Literatura. Mais do que isso: com essa atitude, torna-se possível demonstrar que algumas delas (bem importantes) não se podem aprender nem ensinar sem Literatura.

Conclusão

Mais do que travar um combate cego pela continuidade da Literatura no currículo do Ensino Secundário, impõe-se hoje reflectir acerca das razões que vêm conduzindo ao processo de exautoração de que ela vem sendo vítima. Existem decerto motivos de carácter externo que explicam grande parte do que está a acontecer (o declínio do Estado-Nação e o menosprezo dos bens simbólicos que lhe correspondem, a centralidade, na nova orgânica social, da figura do consumidor/eleitor e da convivialidade socioeconómica que daí resulta, o deslocamento cada vez maior das expectativas de realização do plano comunitário para o plano pessoal, etc.). Mas é indisfarçável que o declínio da presença da Literatura nos programas e nas práticas de ensino diz também directamente respeito à maneira como se ensina a própria Literatura.

Nesta conjuntura, requalificar a presença do ensino da Literatura no Secundário implica, por isso, intervir em várias frentes, de forma conjugada e persistente. É necessário, desde logo, travar uma batalha de argumentos. Deve fazer-se notar, designadamente, que a missão da Escola democrática não pode estar limitada às pressões conjunturais da sociedade. Isto significa, por outras palavras, que não deve renunciar à sua vocação instrutora, limitando-se a desempenhar o papel de transmissora de um "saber-fazer" directo de cariz mais ou menos profissionalizante. É inútil

lembrar, em pormenor, os perigos que daí resultam para a própria democracia, que, como sabemos, se alimenta não apenas da participação de profissionais especializados e de consumidores, mas também de cidadãos conscientes, activos e interessados nos vários domínios da vida pública[41].
De resto, basta conservar um pouco de sentido histórico, para nos lembrarmos como, no passado, as utopias tecnocráticas conduziram a padrões comunitários empobrecidos e a uma diminuição sensível da liberdade e do sentido crítico.

O ensino da Literatura não será um antídoto suficiente contra todos estes riscos. Mas é, com certeza, um contributo importante para desenvolver as potencialidades de comunicação e de cognição da Língua Materna. Através dessa mesma Língua, o ensino da Literatura revela-se ainda capaz de fomentar a modulação do imaginário e do sentido criativo, a capacidade de ler em clave de razão e de intuição[42]. O contacto com o texto literário constitui, para mais, uma possibilidade rara de viver, em alteridade, situações, valores e experiências que moldaram as comunidades humanas ao longo dos séculos, instituindo referências basilares de que nunca poderemos prescindir.

Diminuir a presença da Literatura no Ensino Secundário em nome do reforço de objectivos de natureza linguística é, em si mesmo, um terrível equívoco educativo. Independentemente de se suscitar a leitura e a construção de muitos outros tipos de texto, não poderá nunca esquecer-se que, compreendido na sua enorme diversidade genológica e diacrónica, o texto literário se ajusta de forma muito particular à percepção das diferentes técnicas e efeitos da comunicação, suscitando, ao mesmo tempo, um treino especialmente apurado da inteligibilidade verbal. Claro está que não me reporto apenas a níveis elementares de aprendizagem, aqueles que permitem solicitar e fornecer informações, conceber pequenas exposições ou reagir discursivamente a vários tipos de estímulos práticos; refiro-me

---

[41] De entre a numerosa bibliografia recentemente publicada sobre os perigos da neoliberalização da Escola, destaco o fundamentado e desenvolvido trabalho de Christian Laval (2003).

[42] De entre os estudiosos que mais reiteradamente vêm defendendo a necessidade de aliança entre a linguística e a poética, destacando nomeadamente a impossibilidade de a linguística, em si mesma, alcançar alguma vez uma perspectiva universal da linguagem humana, evoco George Steiner. Esta posição, que constitui uma das tónicas mais características do seu pensamento, encontra-se bem expressa no volume de ensaios intitulado *Extraterritorialité. Essai sur la littérature et la révolution du langage* (veja-se, em particular, "Linguistique et Poétique", pp. 192-228).

essencialmente à comunicação densa e apropriativa, cujo gosto deve cultivar-se no Ensino Secundário, orientada para atitudes de interpelação crítica que permitam o acesso ao conhecimento de realidades mediatas.

Mas as vantagens da manutenção do estudo da Literatura são ainda de outro tipo: enquanto condensador e construtor de memória, cadinho de sentimentos e emoções, veículo tensional de valores e ideias, o texto literário reúne potencialidades formativas absolutamente insubstituíveis no âmbito de qualquer modelo de formação orientado para o bem comum, seja de âmbito nacional seja de natureza e alcance pós-nacional.

Desperdiçar todo esse manancial por via dos *excessos* do passado, seria um pouco como tomar a nuvem por Juno; seria desaproveitar os resultados de uma *expiação* dolorosa, impedindo que sobre ela se construam os *caminhos novos* do futuro.

REFERÊNCIAS BIBLIOGRÁFICAS

ARMENGAUD, Françoise (1999), *La Pragmatique*, Paris, Presses Universitaires de France (col. "Que sais-je?"), (4.ª edição corrigida);
BALUTEAU, François (1999), *Les savoirs au collège*, Paris, PUF;
BERNARDES, José Augusto Cardoso (1999), "História literária" e "História literária em Portugal", in *Biblos. Enciclopédia Verbo das Literaturas de Língua Portuguesa*, Lisboa/São Paulo, Editorial Verbo, Vol. 3, pp. 1024-1038;
—— (2002)"História Literária e ensino da Literatura", in *II Jornadas Científico-Pedagógicas de Português, Coimbra, Livraria Almedina*, pp. 15-39;
—— (2003) "Ler e ensinar Gil Vicente (ainda) hoje", in *Revisões de Gil Vicente*, Coimbra/Braga, Angelus Novus, 167-196;
—— (2004) "A construção da história literária e a dinâmica do cânone escolar: o caso de Bernardim Ribeiro", in *Península. Revista de Estudos Ibéricos*, 1, pp.131-148;
BRANNIGAN, John (1998), *New Historicism and Cultural Materialism*, Houndsmills, Basingstock, Hamshire and London, Macmillan Press Ld.ª;
BRETON, Philippe (1992), *L'utopie de la communication*, Paris, Éditions de la Découverte;
CALVINO, Ítalo (1991), "Perché leggere I Classici", in *Perché leggere I Classici*, Milano, Arnoldo Mondadori, pp. 11-19;
CAMPOS, Bártolo Paiva (2003), *Quem pode ensinar. Garantia da qualidade das habilitações para a docência*, Porto, Porto Editora;
CANDEIAS, António (2003), "Etat nation et éducation dans le contexte européen: une approche socio-historique", in *L' École au défi de l'Europe. Médias, éducation et citoyenneté postnationale* (Jean-Marc Ferry e Séverine de Proost, eds), Bruxelles;
CARNEIRO, Roberto (2004) (entrevistado por Joaquim Azevedo), *A Educação primeiro*, Lisboa, Fundação Manuel Leão;
CASTRO, Rui Vieira de (1995), *Para uma análise do discurso pedagógico. Constituição e transmissão da gramática escola*r, Braga, Instituto de Educação e Psicologia;

CUNHA, Carlos Manuel Ferreira da (2002), *A construção do discurso da história literária na literatura portuguesa do século XIX*, Braga, Centro de Estudos Humanísticos da Universidade do Minho;

CUSTÓDIO, Pedro Balaus (2003), *A leitura e o cânone literário nos programas de Português. Uma década de mudanças – 1991-2000* (versão policopiada de tese de Doutoramento em Didáctica da Literatura apresentada à Faculdade de Letras de Coimbra, em 2004);

DIONÍSIO, Maria de Lourdes da Trindade (2000), *A construção escolar de comunidades de leitores. Leituras do manual de Português*, Coimbra, Livraria Almedina;

ESCANDELL VIDAL, M. Victoria (1999), *Introducción a la Pragmática*, Madrid/Barcelona, Universidad Nacional de Educación a Distancia/Anthropos;

GARIN, Eugenio (1968), *L'éducation de l'homme moderne, 1400-1600*, Paris, Fayard;

GOODHEART, Eugene (1999), *Does Literary Studies Have a Future?*, Madison, The University of Wisconsin Press;

GRAFF, Gerald (1987), *Professing Literature. An Institutional History*, Chicago and London, Chicago University Press;

GUSMÃO, Manuel (2002), "Da resistência à Literatura", in *Jornadas Científico-Pedagógicas de Português*, Coimbra, Instituto de Língua e Literatura Portuguesas/Livraria Almedina, pp. 43-53;

HAMON, Hervé (1984), *Tant qu'il y aura des profs*, Paris, Seuil;

—— (2004) *Tant qu'il y aura des élèves*, Paris, Seuil;

HOUDART-MEROT, Violaine (1998), *La culture littéraire au Lycée depuis 1880*, Rennes, Presses Universitaires de Rennes;

HUMMEL, Pascale (2000), *Histoire de l'Histoire de la Philologie. Étude d'un genre épistémologique et bibliographique*, Genève, Droz;

HUTCHEON, Linda e Mario J. Valdés, (eds) (2002), *Rethinking Literary History, A Dialogue on Theory*, Oxford, Oxford University Press;

LAVAL, Christian (2003), *L'École n'est pas une entreprise. Le néo-libéralisme à l'assaut de l'enseignement public*, Paris, La Découverte;

LUPERINI, Romano (2002), *Insegnare la letteratura oggi*, Lecce, Manni;

MORAES, Maria Célia, José Augusto Pacheco e Maria Olinda Evangelista – orgs (2003), *Formação de professores. Perspectivas educacionais e curriculares*, Porto, Porto Editora;

PFEIFFER, Rudolf (1976), *History of Classical Scholarship* (1300-1850), Oxford, Clarendon Press;

SILVA, Vítor Manuel de Aguiar e (2004), "Reflexões tempestivas sobre a crise das Humanidades", in *As Letras/Humanidades. Presente e Futuro* (Manuel Gama e Virgínia Soares Pereira, eds), Universidade do Minho, Instituto de Letras e Ciências Humanas/centro de Estudos Humanísticos, pp. 11-28;

SILVESTRE, Osvaldo Manuel (2002), "Mensagens e massagens Ld.ª. Uma leitura (também) pós-colonial da Mensagem de Fernando Pessoa", in *II Jornadas Científico-pedagógicas de Português*, pp. 55-66;

STEINER, Georges (2002), *Extraterritorialité. Essai sur la littérature et la révolution du langage*, Paris, Calmann-Lévy) – 1.ª edição em 1970);

THIESSE, Anne-Marie (2001), *La création des identités nationales*, Paris, Seuil.

APÊNDICE

Nas linhas que se seguem, procurar-se-á levar à prática o resultado de algumas posições anteriormente assumidas. Tomo por base um soneto de Camões, procurando, embora sem preocupações de calendarização, estabelecer um roteiro lectivo destinado a alunos de Português do 10.º ano, que possa servir como introdução ao estudo da Lírica do autor.

Texto

Enquanto quis Fortuna que tivesse
Esperança de algum contentamento,
O gosto de um suave pensamento
Me fez que seus efeitos escrevesse.

Porém, temendo Amor que aviso desse
Minha escritura a algum juízo isento,
Escureceu-me o juízo c'o tormento,
Para que seus enganos não dissesse.

Ó vós, que Amor obriga a ser sujeitos
A diversas vontades! Quando lerdes
Num breve livro casos tão diversos,

Verdades puras são, e não defeitos...
E sabei que, segundo o amor tiverdes,
Tereis o entendimento de meus versos.

Luís de Camões

Leitura

Muito dificilmente um aluno de 15 ou 16 anos poderá entender o essencial de um texto poético do século XVI sem o recurso prévio a uma leitura expressiva. Torna-se necessário, por isso, e em primeiro lugar, que o professor proceda a uma leitura desse tipo, com ritmo e eufonia bastantes, de modo a reconstituir a lógica semântica e discursiva, evidenciando convenientemente, desde logo, as tónicas semânticas do texto: o papel subordinante de substantivos como Amor e Fortuna, a presença de um vocativo, implicando uma intenção directa de comunicar diferidamente com os leitores e a asserção causal contida nos dois últimos versos, fazendo depender a possibilidade de entendimento da mensagem da experiência amorosa acumulada pelo destinatário.

Só numa fase posterior se deverá pedir a um aluno que tente uma leitura reconstitutiva. Em face das dificuldades do texto, poderá haver vantagem em que essa leitura se venha a operar em dois momentos diferentes: logo após a explicação semântica e no final.

Explicação semântica

A partir da leitura expressiva feita pelo professor, pode tornar-se mais fácil explicar a semântica do soneto, tanto no plano global como em termos pontuais. Como marca geral, deve sublinhar-se a tonalidade confessional e interpretativa. O sujeito fala de si mesmo e da sua sujeição a "vontades tão diversas", demarcando duas fases sucessivas na sua história de amor: ao longo da fase da esperança, fundada no "suave pensamento", a *Fortuna* permitia-lhe o canto; sobreveio então a fase do Desengano e essa permissão foi-lhe vedada pelo *Amor*, no receio de que esse *Canto* (então já dolorido) pudesse constituir aviso para vítimas potenciais.

No plano do pormenor, esclarecer-se-á o valor conotativo do verbo "escurecer", do substantivo "tormento" e de expressões substantivadas como "suave pensamento" ou "juízo isento", situadas em posição de rima.

Descrição retórico-formal

Em termos globais, o soneto parece obedecer a um modelo retórico bem definido, assente na necessidade de fazer sobressair a autenticidade da mensagem. Trata-se, assim, de um soneto conjugadamente *assertivo* e *apelativo*. A asserção reside na história de um deperecimento amoroso; o apelo, por sua vez, orienta-se no sentido de que o leitor possa aderir à veracidade de tudo quanto se narra, dependendo essencialmente a sua capacidade de compreensão da experiência amorosa que tiver acumulado. Sublinha-se ainda devidamente que o apelo envolve, em simultâneo, uma reacção intelectiva e emocional. A maior dificuldade que se pode colocar a este processo de simpatia, avisa implicitamente o sujeito poético, deriva da diversidade dos casos evocados bem como das aparentes *contradições* que lhes são próprios.

No plano mais particular, pode sublinhar-se, em consonância com o que já foi dito, a importância da *segunda pessoa do plural* (a entidade a convencer) e a dialéctica dos *tempos verbais*: no que respeita ao passado (e às inflexões negativas a que nele foi sujeito o poeta) e ao presente – o presente da enunciação e do apelo directo ao leitor. É ainda pertinente reparar na *personificação* do Amor e da Fortuna, entidades que aqui surgem dotadas de uma vontade e de uma estratégia negativas para o sujeito poético.

Fase interpelativa

Cumprida a fase da descrição sumária do soneto, tanto em termos de conteúdo como de forma, impõe-se agora que os alunos se possam encontrar com a mensagem veiculada, formulando perguntas, exprimindo dúvidas e perplexidades. É natural que se estranhe a obsessão do autor em fazer passar por verdadeiro tudo o que narra, que seja tão restritivo na selecção dos seus destinatários, a ponto de excluir da possibilidade de uma efectiva compreensão quem não tenha amado suficientemente. É ainda possível, numa primeira fase de diálogo com os valores do texto, que os alunos venham a notar o conflito entre o sujeito poético e os desígnios de entidades nefastas como a Fortuna e o Amor, que conjugadamente lhe retiram liberdade.

É de crer, em todo o caso, que esta lógica seja sentida como estranha pela parte de jovens para quem a Fortuna não existe e o Amor deixou de ser fonte transcendente de enganos.

Explicação histórico-cultural

Em função do que se tiver anteriormente apurado, torna-se agora possível empreender uma outra explicação do poema tendo em conta o lastro histórico-cultural em que o poema se inscreve e a globalidade do universo camoniano, assinalado por traços epocais mas também por linhas específicas a que se convenciona chamar "idiolecto".

É designadamente a altura de se falar em Petrarquismo, lembrando que boa parte das linhas essenciais já mencionadas se explicam em função desse mesmo código poético. É ao legado de Petrarca que se reporta a poesia confessional, analítica e exemplarista que aqui nos é anunciada por Camões e que há-de servir de guia de leitura para outros textos do poeta; e é também no *Canzoniere* que a Fortuna e o Amor interagem neste mesmo registo dialéctico, de modo a limitar o poeta amador em termos de conhecimento e acção.

No que diz respeito aos traços idiolectais em causa chegou também o momento de dizer que estamos perante um **soneto-prólogo**[43], cuja função principal, de acordo com o modelo de organização petrarquista, consiste em instituir as principais linhas de força de uma obra, compreendendo uma tentativa de autointerpretação de factos passionais. É, por isso, uma excelente ocasião para esclarecer os contornos desse lirismo intimista que, desde Petrarca até aos nosso dias, vem modulando a sensibilidade do Ocidente, integrando vários modelos de convivialidade ao longo dos séculos, desde os salões da Corte aos salões burgueses, desde a oralidade e o manuscrito até à edição massificada, do século XIX até aos dias de hoje.

---

[43] Para além do soneto em causa, esta categoria genológica, de fundo vincadamente petarquista, aplica-se também ao soneto "Eu cantarei de amor tão docemente". Para uma percepção mais fudamentada do lugar do soneto-prólogo nas *Rimas* de Camões, veja-se o estudo de Maria Micaela Dias Ramón Moreira, *Os sonetos amorosos de Camões. Estudo tipológico*, Braga, Centro de Estudos Humanísticos da Universidade do Minho, 1998 (em especial pp. 43 e ss.).

Diálogo projectivo

O roteiro pedagógico constituído a partir deste soneto deverá concluir-se com uma outra fase de diálogo, desta vez mais instrumentado e também mais dirigido pelo professor, a quem, de resto, deve sempre caber a primeira e a última palavra. Tratar-se-á, agora, de problematizar alguns dos aspectos suscitados na fase anterior, como sejam a importância do Petrarquismo na sociedade e na cultura europeias do século XVI e a sua repercussão nos tempos que se seguiram, até à nossa época. Nesta fase, nada obsta a que se efectue uma comparação com concepções diferentes de Amor e de Poesia, menos espiritualistas e mais dependentes de circunstâncias reais.

Outro dos aspectos que pode agora ser objecto de desenvolvimento é a dimensão trágica da vida (tão marcante em Camões e na época em que ele viveu) e o seu conflito com a pressuposição da liberdade de agir e de conhecer que nos é hoje tão familiar.

Qualquer destas tónicas, a par com outras que venham a merecer a atenção dos alunos, pode dar origem a exercícios de expressão oral e escrita, quer num quadro de argumentação lógica e apropriativa quer no plano da síntese. Mas o que mais se deseja é que a leitura deste soneto possa constituir uma porta aberta para um entendimento mais coeso e fundamentado da globalidade da Lírica camoniana: precisamente um dos poucos conteúdos literários que tem permanecido intocável, tão evidente se torna a sua importância patrimonial (reconhecidamente fecundadora de grande parte de toda a poesia que se lhe seguiu em Língua Portuguesa) e tão sedutoras se revelam as suas potencialidades formativas, para os jovens adolescentes mas também para os adultos que com ela venham depois a manter convívio.

SE A LITERATURA NOS ENSINA, COMO PODEREMOS (NÃO) ENSINÁ-LA?

Luísa Álvares Pereira
Universidade de Aveiro

O mote subjacente a esta reflexão encontro-o na seguinte afirmação de António Nóvoa (2003, p. xxii):

"Temos estado prisioneiros de um antagonismo entre relação e conhecimento: de um lado, uma certa liturgia pedagógica que privilegia os aspectos relacionais e afectivos; do outro, uma cruzada anti-pedagógica que se limita a celebrar o passado (qual passado?) e o conhecimento (qual conhecimento?)".

Parecem bem adaptadas ao mundo da leitura da literatura na escola estas palavras, desde logo pela recusa de uma dicotomia que tolhe todas as reflexões sobre o ensino em geral e sobre o ensino da língua literária em particular. O ensino da literatura tem de conseguir escapar a esta deriva e, neste sentido, os três tópicos que vou enunciar e equacionar em seguida pretendem ser um contributo para a compreensão do(s) modos(s) como o ensino dos textos pode levar cada aluno a adquirir conhecimento e, ao mesmo tempo, a estabelecer uma relação afectiva com a língua literária.

1. A Literatura ajuda a viver

A este primeiro tópico subjaz a seguinte citação de Antoine Compagnon (2000, p. 64):

"Mais la question essentielle est celle-ci: quelle sera la *pertinence* de la littérature au XXIème siècle? Quel *intérêt*, au-delà du plaisir et de la valeur incontestables, y-a-t-il à lire la littérature? Au nom de quoi persuader son enfant d'étudier la littérature ? Il faut la bien poser, a fin de se donner les moyens de lui apporter une réponse. Voici la mienne: la littérature fait vivre chaque instant de ce monde-ci".

À semelhança do que afirma Compagnon não é difícil para cada um de nós esgrimir duas ou três boas razões para defender a existência da Literatura na aula de Língua, dois ou três excelentes motivos que alguém que ame verdadeiramente ler literatura ousará alguma vez contestar. Jorge de Sena sublinha, aliás, esta necessidade de "Amor da Literatura" para que seja possível ensiná-la, vivê-la, conhecê-la:

> "Conhecer, estudar, ensinar e viver a literatura, estas maneiras, uma a uma, duas a duas, três a três, ou quatro a quatro, não têm sentido algum. Não porque o não tenham de facto, nem outro contexto, mas porque lhes roubámos – não eu – esse contexto à luz do qual a situação se modifica e não é mais o desespero, a inanidade, a vacuidade, que se escondem, tenebrosas e reais, sob a nossa satisfação, a nossa competência, a nossa dedicação, as nossas presunções e ambições. Não se pode conhecer, nem estudar, nem viver aquilo que, no fundo e em verdade, se não ama. Que esse amor seja feliz ou infeliz, que dê alegrias ou amarguras, momentos de satisfação ou desconsolo, iluminações de conhecimentos ou raivas de inconquistável ignorância, é uma outra questão. Há que amar a literatura. Sabemos bem que o amor pode ser fugaz, intermitente, constante, frágil, imenso, ocasional, calculado, uma paixão súbita, uma paciente conquista. Amando-a, porém, é impossível não querer conhecê-la em toda a parte e em todos os tempos, em extensão e em profundidade; é impossível não querer estudá-la, para transmitir e comunicar aos outros a fascinação que ela exerce sobre nós; é impossível não querer vivê-la, gratuitamente e como agente, que ela é, de tudo o que constantemente se pretende que ela seja e de tudo o que constantemente ultrapassa em si mesma e em nós" (Sena, 1989).

Aceitamos, de bom grado, que a Literatura *ajuda a viver melhor*, e tal como M. Vitalina Leal de Matos (1999, pp. 37-46), reiteramos que "efectivamente, a Literatura permite ao leitor progredir no conhecimento do mundo, em particular no domínio social, da sensibilidade, da ética, sem ter de se defrontar com todas as experiências dolorosas, difíceis e frustrantes que esse conhecimento e essa maior experiência envolveriam".

Ora, se tudo isto é possível, antes de mais, pelas características de *porosité* e *desancrage* que Paul Bronckart (2000, pp. 13-16) atribui à Literatura, também é inegável o contributo desta "língua" para a formação linguística do indivíduo, já que é ela que leva ao limite as virtualidades da linguagem, havendo, por esta via, portanto, lugar para uma defesa da "inseparabilidade da língua e da literatura".

Se tudo isto é facilmente aceitável por todos aqueles que já amam a literatura (e estão, por isso, intrinsecamente motivados para a estudar, ensinar, viver e conhecer, como disse Sena), a pergunta pertinente, neste contexto, é exactamente aquela que pede uma resposta em que se desenhe um quadro didáctico e pedagógico plural e em que, por isso, todas as formações (formação linguística, formação da pessoa, construção da sociabilidade, conhecimento da diversidade social e cultural, reflexão filosófica...) possam emergir. Ou poder-se-á crer que só porque a literatura está presente na escola e na aula, automaticamente todas as possibilidades de (trans)formação dos sujeitos alunos vão aparecer e propiciar o surgimento de atitudes e inclinações (ou mesmo "disposições", no sentido de Bourdieu) favoráveis ao estabelecimento de uma relação positiva com a linguagem literária?

Todos conhecemos múltiplos exemplos *a contrario*, casos validados pela investigação (Rodrigues, 2000), em que a presença da literatura na aula não foi capaz de formar um "leitor novo"[1].

À semelhança de outros saberes, também a literatura só nos serve se nos pudermos servir dela e só nos envolve se for considerada um benefício. Caso contrário, como lembra Perrenoud (1995), os alunos encontram-se numa situação clássica de *trabalho escolar* e apelam aos habituais mecanismos de defesa: rotinização das respostas; integração dos lugares--comuns escolares; mecanização de alguns estereótipos; familiarização com os resumos e não com as obras; reconhecimento dos "valores literários" escolarizados (figuras de estilo; características dos personagens; características de períodos literários...)[2]. Ou seja: um entendimento simplista do que é a comunicação literária conduz a que a resposta aos textos aconteça, não pela construção de um sentido propiciado por uma relação com a linguagem dos textos, mas por via do hábito e do *habitus* escolar de leitura.

---

[1] Cf. Dionísio (2004): "a história da escolarização da literatura está cheia de (...) exemplos de como os textos literários são transformados na escola, em textos informativos, em textos formativos, em pretextos para exercícios de metalinguagem e de aplicação de rotinas que mais não são que um exercício simbólico de marcação de estatutos e reproduções de relações sociais desequilibradas" (p. 72).

[2] Leia-se, a propósito, o depoimento, "Aulas de Português e Dignidade" de António Manuel Venda no *Jornal de Letras* de 9 de Junho de 2004, pág. 9.

Até que os alunos-adolescentes percepcionem a leitura de cada texto literário como a *possibilidade de uma experiência imaginária, uma oportunidade de descobrir, de observar, de julgar situações, comportamentos e reacções mentais e ainda como uma ocasião de ver os textos como exemplos de utilização artística dos meios da comunicação verbal normal*[3] vai a grande distância que separa o trabalho alienado com os textos de uma relação identitária com a literatura.

2. O sujeito e o sentido na leitura da literatura

Como sabemos, um dos argumentos tantas vezes aduzido a favor da presença da Literatura na escola é precisamente o facto de esta surgir, para muitos adolescentes que hoje a frequentam, como o único lugar de acesso a determinados bens culturais, ou pelo menos como a grande oportunidade de convívio (e, portanto, de adesão) com este capital simbólico. Manuel Gusmão (2003) afirma, na sequência da constatação de que um ensino da língua materna que prescinda da literatura "é o ensino de uma língua reduzida, empobrecida e amputada... na medida em que fecha o leque de possibilidades de encontro com a literatura (para muitos que talvez só na escola a possam encontrar), que um tal ensino tenderia a ser uma derrogação injusta do princípio da igualdade de oportunidades. Mais precisamente, negaria a igualdade de oportunidades de acesso à literatura – *uma das maneiras pelas quais nos figuramos e reconfiguramos como homens*" (pág. 245).

Se a Escola Secundária já não é a "escola de herdeiros" de outrora, mais uma razão, pois, para nesse espaço se possibilitar o acesso ao património artístico-literário àqueles que, em seu ambiente natural, não têm oportunidade dele se apropriarem, eis a lógica argumentativa presente em muitos dos escritos sobre a relevância do ensino da literatura na escola actual. Deste modo, legitimamente se aceita e proclama a importância de

---

[3] Cf. Dumortier (2000): "... Il est possible, autrement dit, que les écrits littéraires ne soient pas choisis, présentés traités de telle sorte que les adolescents perçoivent la lecture de chacun d'eux comme la possibilité d'une expérience imaginaire, une chance de découvrir, d'observer, de juger des situations, des comportements, des réactions mentales – et une occasion d'envisager les textes eux-mêmes comme autant d'exemples d'utilisation *artistique* des moyens de la communication verbale ordinaire" (p. 15).

a escola surgir, num processo de democratização, como compensadora, possibilitando a muitos o acesso a uma matriz cultural desejável, bem como, idealmente, ao prazer de a viver (cf. Seixo, Escolas do Paraíso, a iliteracia 30 anos depois do 25 de Abril, *Expresso, Revista,* 27 de Março de 2004, págs. 21 e 22).

Porém, numa outra lógica argumentativa, o que se passa é que, precisamente porque a esta escola têm acesso "novos alunos", podemos considerar que o modelo de ensino em geral e da literatura em particular – modelo cuja eficácia assentava na transmissão dos bens culturais, dos hábitos e dos gostos – se encontra bastante fragilizado. Os grandes equívocos que têm surgido ao reivindicarem-se as vantagens do conhecimento e da vivência da leitura literária por todos centram-se, sobretudo, na forma como (não) se cuida de problematizar os modos de conseguir essa finalidade por muitos, hoje, num país com baixos índices de leitura e com tudo o mais que lhe está associado.

Assim, as perguntas que devemos colocar remetem, antes de mais, para a *maneira de fazer* este ensino com alunos que têm outras práticas culturais e outras ligações primordiais à língua e aos textos e para os quais também são de outra ordem as relações que estabelecem com os saberes literários. Qual o modo de impulsionar as leituras pessoais destes alunos, principalmente daqueles que têm, à partida, uma relação difícil com a literatura? Como fazer entrar estas novas leituras em eco com os eventuais hábitos leitores já criados? Como sustentar a recepção destas leituras, deixando liberdade para a interpretação de cada um?

Diversos sociólogos e sociolinguistas (Lahire, 1993; Charlot, 2004) lembram-nos que as actividades de comunicação – quaisquer que elas sejam – implicam sempre uma relação fundamental com o mundo, com os saberes, com a linguagem e, assim, os usos da língua, enquanto veículo de comunicação e de afectividade, são muito influenciados pelo *habitus* cultural dos seus agentes. Existem comunidades que se caracterizam por uma relação *oral, prática e subjectiva* com a linguagem e os jovens oriundos destes meios têm dificuldade em passar para outro registo, para uma relação da ordem do *escrito, teórico e objectivo* que é aquela que naturalmente predomina na escola. Estes jovens estão particularmente expostos ao insucesso escolar, já que não atribuem, à partida, nem aos modelos de comunicação, nem aos objectos literários os valores que a escola lhes reconhece. Por outro lado, toda a escolarização anterior serviu, muitas vezes, para reforçar ainda mais as dificuldades destes alunos, tornando difícil e dolorosa, mesmo impossível, como diz Dominique Bucheton (2000) "la rencontre entre leurs pratiques culturelles socialement construites et les pratiques scolaires attendues au Lycée".

O problema coloca-se, portanto, ao nível desta "passagem", desta reconstrução e reconfiguração do sentido atribuído à linguagem poético--expressiva, que não se pode traduzir numa mera memorização e restituição de saberes sobre a literatura, antes necessita experimentação. Exige--se, então, um ensino que não se transforme *numa automática transmissão de conhecimentos,* mas em que, como disse, cada entidade participante no processo de aprendizagem se torne fatalmente sujeito.

Desta maneira, ao responder à questão (tão necessária) sobre quais os *objectos* a propor ao ensino e à aprendizagem para permitir um desenvolvimento dos (*novos*) alunos que os ajude a ir adquirindo mecanismos de ler a literatura, teremos que fatalmente incluir esta inscrição do sujeito no trabalho de leitura e de escrita. Saber ler pressupõe obedecer às injunções do texto, mas também investir-se de modo pessoal, do mesmo modo que saber escrever implica obedecer à instrução de escrita e saber inscrever-se no texto de modo pessoal (Pereira, 2002). Esta via parece ser, segundo múltiplas investigações, uma via privilegiada para que os jovens alunos se transformem em "autores" e contrariem a alienação presente em tantas tarefas de literacia na escola, tarefas essas responsáveis pela cisão entre a pessoa e o trabalho.

Porém, os efeitos emergentes da implicação dos alunos com o trabalho da língua não é só na aprendizagem da comunicação artística que são visíveis, mas na aprendizagem de toda e qualquer outra competência comunicativa. Aprender a ler e a falar não é apenas uma questão técnica, mas, em todos os níveis (desde o início da aprendizagem), uma questão cultural, e daí que os modelos de acção didáctica, entre outros aspectos, tenham de contemplar todas as variáveis do "agir comunicacional": os sujeitos, as suas razões, os modos, as circunstâncias de lugar e de tempo, etc.

Uma das consequências da aceitação deste facto é a de se considerar que a disciplina de língua não pode ser apenas centrada na leitura literária – e dentro desta, exclusivamente, na ficção narrativa –, mas também no treino e desenvolvimento de outras habilidades fundamentais, tal como a escrita de outros (tipos de) textos.

Sabe-se que ainda hoje, e apesar dos programas, a escrita é pouco ensinada na escola e, no entanto, constitui a competência escolar selectiva por excelência. Além disso, estamos perante uma competência que não se aprende por mimetismo e que, para muitos alunos, talvez para aqueles que mais precisam – aqueles que não têm tanta oportunidade de aprender a língua da escola por via da "familiaridade mimética" – se torna eficaz, numa perspectiva *holística,* inclusive no desenvolvimento da competência de leitura.

Deste modo, ao aceitarmos como imprescindível desenvolver na aula de língua os três vectores antropológicos e educativos para qualquer ser humano – uma formação de natureza instrumental, uma formação de natureza estético-expressiva e uma formação de natureza social – e se tivermos em conta que estes diferentes vectores não se alcançam privando os alunos da leitura e da escrita de vários modelos textuais[4], por um lado, e de vários géneros literários por outro, estaremos a aceitar que, hoje, a questão do literário na aula de língua é mais uma questão de qualidade do que quantidade.

Em síntese, até este momento procurei evidenciar a necessidade de interrogar:

i) o quadro didáctico ideal para que os argumentos sobre os benefícios do ensino da literatura colham, o que pressupõe apelar à vigilância crítica sobre os potenciais "efeitos perversos" da didáctica da leitura literária;

ii) um ensino da literatura que, tal como o ensino da língua, da competência leitora e de escrita, não esteja associado a determinantes culturais e múltiplas variáveis do "sistema comunicacional", entre elas, naturalmente, a questão do sujeito que lê (textos literários) e, em consequência o sentido que atribui a este acto.

Neste segundo ponto está, naturalmente, presente a problemática do modo como a cultura dos alunos deve ser tida em conta, problemática essa que tem que ser entendida não numa perspectiva de mera aceitação do que eles já sabem (a escola não pode cumprir o paradoxo de ensinar a "juventude aos jovens"), antes numa perspectiva de transformação e mesmo de "aculturação" às fórmulas da formação literária, mas nunca a qualquer preço.

---

[4] Cf. a resposta de Inês Duarte a Vasco Graça Moura no *Expresso* de 6 de Março de 2004: "...se hábitos de leitura consistentes constituem um factor favorável na aprendizagem da escrita, só se aprende a escrever escrevendo: ora, concordará certamente que o ensino da escrita de vários tipos textuais compete crucialmente à disciplina de Português" (pág. 44).

De tudo o que foi dito decorrem dois princípios que me parecem incontornáveis no ensino da leitura da literatura na escola: um certo grau de liberdade de escolha de obras com "pessoas dentro" e um estudo cuja orientação (poiética) induza nos alunos o desejo e o gosto de escrever.

3. A escrita ajuda-nos a compreender (e a viver) a literatura

Até que ponto e sob que condições é que a escrita pode estar ao serviço da aprendizagem dos mecanismos próprios da discursividade literária? Se uma das pistas em desenvolvimento na didáctica da leitura literária consiste precisamente numa prática em que as operações de compreensão/interpretação não estejam dissociadas da relação psico-afectiva com os textos e se este mecanismo pressupõe uma leitura literária na escola que seja da ordem do contágio, da partilha e do entusiasmo, então, esta partilha e este entusiasmo são, naturalmente, tributários da necessidade de "meter a mão na massa" ou não? O estudo dos textos literários deve ou não incentivar nos alunos o desejo de escrever? Escrever como? O quê? Escrever com os textos? Sobre os textos? A partir dos textos?

Esta interpelação ajusta-se, desde logo, a uma incoerência presente no ensino da literatura que Ricardou enunciou nestes termos: "lorsqu'on enseigne la littérature, on ne fais de littérature, on enseigne un discours sur la littérature. Enseigner la littérature sera un jour, peut-être, enseigner à fabriquer du texte dans ce que l'on pourrait appeler des ateliers d'écriture". Então, a literatura pode(rá) ser ensinada?

Como sabemos, a literatura em contexto escolar é encarada, a maior parte das vezes, como *instância de recepção* e quase nunca como *instância de produção*[5]. Alguns autores lembram mesmo, como, numa perspec-

---

[5] Carlos Reis (1992), em "Reflexões genéricas sobre o estatuto da Didáctica da Literatura" (*O Professor*, n.° 26), afirmava: "A Didáctica da Literatura preocupar-se-á mais com a instância de recepção do que com a instância da produção. Por outras palavras: ela visa a leitura literária (motivar, orientar, sistematizar, instrumentar...), mais do que a criação literária. Neste aspecto devo manifestar as minhas dúvidas quanto ao alcance e quanto ao efectivo significado didáctico de experiências de ordem "criativa" que, sobretudo (mas não só) em países anglo-saxónicos e de tradição escolar afim, conduzem o aluno a "tentar" escrever um conto ou uma novela..." (pág. 44).

tiva tradicional de interacção leitura-escrita, esta última dimensão verbal tem um estatuto ambíguo, já que é preciso escrever, com os olhos postos no texto de autor, mas mostrando originalidade relativamente ao texto lido e, ultrapassando assim, paradoxalmente, as próprias qualidades literárias do texto a ler. Não é o que se passa, de algum modo, com as *redacções,* enquanto exercícios solicitados, quase sempre, na dependência de textos literários lidos?

Pois bem, o rumo que se pretende dar a esta fórmula – interacção leitura (aqui leitura literária)-escrita – perfilha a ideia da possibilidade de os alunos descobrirem, por dentro, internamente, vivenciando-a, portanto, nomeadamente em trabalho oficinal, a originalidade linguística do texto literário. Fazer entrar no ler pelo escrever, fazendo descobrir os constrangimentos temáticos e formais que os textos dados a ler pressupõem, eis o incentivo de alguns didactas e práticos (Nathalie Brillant-Nanou, 2003) que também aceitam como possível esta escrita funcionar como instrumento privilegiado e mediador na promoção e *expressão de si* e, logo, susceptível de proporcionar o estabelecimento de uma relação identitária com a linguagem em geral e com a linguagem literária, em particular.

Trata-se de não encarar, didacticamente falando, o texto literário como susceptível de ser sujeito apenas a operações de compreensão, através de questões colocadas por outros – a maioria das vezes meras perguntas de identificação –, mas de considerar que o próprio acto de leitura, com a finalidade específica de executar tarefas de produção escrita a partir de transformação, reconversão, recriação, implica uma exegese apurada sobre a composição organizacional dos escritos.

Afinal, o que se pretende é pôr em prática premissas de uma autêntica didáctica da escrita, não se tendo apenas em conta o produto final do aluno, mas as suas intervenções em todas as fases do processo, possibilitando-lhe, assim, a compreensão dos mecanismos que utiliza neste procedimento. Por outras palavras, o interesse de certos exercícios de leitura e de escrita advém de se saber observar as obras literárias como reservatórios de soluções para problemas de escrita, de se trabalhar sobre a língua e os discursos em função das necessidades escriturais dos alunos e de se lhes dar a ocasião e a *autorização* (tornarem-se autores) para produzirem regularmente textos de diferentes géneros. Em suma, exercícios de escrita que permitam, pois, *iluminar* as mutações do literário, enquanto fruto de um trabalho de construção e desconstrução. Deste modo, as noções de *transgressão, imprevisibilidade, originalidade* definem-se não em relação a uma prática "intransitiva" de escritor inspirado, mas em relação a uma poética dos textos. A singularidade da expressão do aluno assume a forma de um "eu" reconstruído, já que a sua imaginação é solicitada e ao mesmo tempo construída a partir dos textos-fontes. Estes escritos reclamam, assim, prioritariamente, uma expressão de si regulada por uma situação de comunicação com o Outro, sendo a actividade literária percepcionada como um jogo de forças e de constrangimentos variados.

Annie Rouxel (2003), ao propor-nos esta maneira de encarar a questão da descoberta do funcionamento do texto artístico, não se esquece de estabelecer a fronteira – nem sempre muito nítida, é certo – entre os *velhos* exercícios de simples *imitação dos textos* e os que deste modo se preconizam. A diferença reside, sobretudo, em não deixar agora, como outrora, o aluno sozinho perante o exercício criativo, antes proceder a uma didáctica sustentada, assente no pressuposto de que esta escrita (literária) – como todas as outras escritas – é susceptível de ser objecto de ensino e não apenas *aprendizagem*. A uma certa rigidez dos constrangimentos formais de outrora corresponde, agora, uma explosão de géneros literários diversificados e híbridos e, logo, uma multiplicidade de regras da língua activadas pela escrita literária. O que está deste modo em causa é, essencialmente, o acesso e a apropriação dos códigos próprios dos principais géneros e tipos discursivos, bem como a evidência do seu papel no enquadramento genérico do texto.

O aluno apropria-se, então, através de tarefas de *pastiche*, paródia, paráfrase..., entre muitos outros, de conhecimentos linguístico-textuais, também culturais e, sobretudo, processuais em termos de escrita literária.

Com efeito, a recriação, enquanto postura escritural, se exige a mobilização de saberes textuais, contextuais e intertextuais, representa também um modo eficaz de compreensão pelos alunos da organização dos textos, dando azo a uma nova relação com a leitura motivada pela experiência de escrita.

A esta postura mais voltada para o reconhecimento da literatura como actividade de escrita poder-se-ão associar múltiplos esquemas didácticos[6],

---

[6] Cf. Canvat (2003), "Tablant sur une 'tentation du littéraire' qui n'a jamais vraiment disparu, l'entrée par les genres permet aussi d'appréhender la littérature dans ses composantes socio-institutionnelles et culturelles. Il conviendrait donc désormais de s'attacher à la conception de séquences didactiques permettant de construire et de développer des pratiques d'écriture littéraires, non pas en opposition aux pratiques d'écriture 'ordinaire', mais en articulation avec elles, si l'on admet qu'il n'y a pas de rupture dans le 'continuum scriptural'." (p. 178).

todos eles, porém, devendo permitir que cada aluno desenvolva o sentimento de pertença a uma "comunidade discursiva" de leitores e de autores de textos literários, quer através de tarefas de apresentação de obras literárias (Dumortier, 2000), quer pela escrita de "cadernos pessoais de leitura" (Pereira, 2002), quer mesmo pela participação em debates sobre a qualidade do texto literário.

4. A concluir, contra-argumentando

Argumentarão muitos, sobretudo os que se julgam defensores absolutos da Literatura na aula de Língua, que um trabalho como o enunciado precisa de professores escritores. Se por escritor entendermos "aquele que pratica uma certa actividade de escrita", quer publique ou não, quer trabalhe em casa ou na escola, então estamos todos de acordo. Os professores podem, sempre, organizar-se em "Comunidades de Leitores-Escritores".

Argumentarão que ensinar (assim) a fazer literatura não garante a qualidade literária do texto e eu respondo como António Branco (2002), no *Relatório da Disciplina de Didáctica da Literatura Portuguesa*: "falsa questão (...): nenhum ensino artístico garante a qualidade artística (sendo muitos os arquitectos, pintores, escultores, bailarinos frustrados e/ou medíocres saídos das respectivas escolas), mas todo ele garante uma aproximação diferente à arte – e é esse aspecto da interioridade que pode ser pedagogicamente relevante no campo da Didáctica da Literatura" (pág. 18).

Também Diogo Paszkowski, em entrevista ao Público (*Mil Folhas*, 10 de Abril de 2004, pág. 07) falando das suas oficinas de escrita, afirma: "Nas minhas oficinas, misturam-se as várias linguagens: a escrita, as artes plásticas, a música, o teatro... Toco clarinete, como Woody Allen. A minha mulher é cantora de Jazz, tem uma escola de música, fui para lá aprender...". E à pergunta "É mesmo possível fazer bons escritores assim? ", responde: "Eu escrevia muito mal. Aos 16 anos era muito mau. Aprendi. Não sou naturalmente talentoso, tenho de corrigir milhares de vezes cada página para ser denso, profundo. Se eu consegui, outros também conseguem".

Argumentarão outros que aprender literatura pressupõe outros saberes e eu respondo que o percurso apontado é uma entrada possível no conjunto da diversidade de caminhos que podem levar ao estabelecimento de uma ligação com a literatura e, logo, à possibilidade da construção de um sentido. A montante da competência literária não estará esta construção?

Por outro lado, não esqueço que será importante objectivar, a montante, os rituais de naturalização e de exclusão dos textos da literatura e a jusante os modos de apropriação das obras pelos leitores, de modo a levar os alunos a identificarem os contextos que ajudam a entender o texto (Rosier, Dupont, Reuter, 2000).

Argumentarão ainda que "esta nova forma de vida da língua" – a literatura – é a única que dá acesso à complexidade e aos verdadeiros "jogos de linguagem". Ora, esta forma de escrita artística mobiliza muitos dos mecanismos da escrita mais "vulgar" e ambas precisam de ser controladas e ensinadas, com a certeza de que muitos outros tipos de textos possuem o carácter *extraordinário* da linguagem, inclusivamente aqueles textos que explicam/informam/ argumentam *coisas* sobre o mundo da própria literatura (críticas; ensaios; histórias da leitura), os quais têm que ser lidos/escritos – de modo próprio.

Espero que tenha ficado claro que anular o tipo de filtros entre o texto e o aluno (*manual, perguntas estereotipadas...*), fazer com que este aprenda a falar dos textos com as suas próprias palavras, procurar que os descubra pela sua própria reescrita, me parecem ser condições de possibilidade para conhecer a literatura. Condições privilegiadas para aceder à palavra poética, não por via do antagonismo entre a relação e o conhecimento, mas por via da complementaridade entre a (autêntica) emoção e a (verdadeira) cognição (Pereira e Alves, 2003).

REFERÊNCIAS BIBLIOGRÁFICAS

BRANCO, António (2002). *Relatório da Disciplina de Didáctica da Literatura Portuguesa*, Universidade do Algarve, pág. 18 (mns. polic.).
BRILLANT-RANNOU, Nathalie (2003). L'expérience littéraire: création, littérature et transmission? *Enjeux*, 57, *Littérature et Écriture d'Invention*, pp. 115-124.
BRONCKART, Jean-Paul (2000). Le Texte dans l'interaction de la Didactique de la langue et de la Didactique de la littérature. In J. Cantero, A. Mendoza, C. Romeo (Org.), *Didáctica de la lengua y la literatura . Para una sociedad plurilingue del siglo XXI*. Barcelona: Publicaciones de la Universidad.
BUCHETON, Dominique (2000). Les postures de lecture des élèves au collège. In Marie-José Fontanier e Gérard Langlande (org.), *Enseigner la Littérature*. Delagrave: CRDP Midi Pyrénées.
CANVAT, Karl (2003). L'écriture et son apprentissage: une question de genres? Etat des lieux et perspectives, *Pratiques*, 117-1118, pp. 171-180.

CHARLOT, Bernard (2004), Práticas linguageiras e fracasso escolar (doc. policopiado).
COMPAGNON, Antoine (2000). Persuadez votre enfant d'étudier la littérature. In Michel Jarrety (dir.), *Propositions pour les enseignements littéraires*. Paris: Presses Universitaires de France.
DIONÍSIO, M. de Lourdes (2004). Literatura e escolarização. A construção do leitor cosmopolita. *Palavras*, 25, pp. 67-74.
DUMORTIER, Jean-Louis (2000). Formation littéraire et compétences de communication. *Enjeux*, 49, pp. 14-15.
GUSMÃO, Manuel (2003). A literatura no ensino da língua materna. *Românica*, 12, pp. 241-245.
JARRETY, Michel (2000). *Propositions pour les enseignements littéraires*. Paris: Presses Universitaires de France.
LAHIRE, Bernard (1993). *Culture écrite et inegalités scolaires, sociologie de l'échec scolaire à l'école primaire*. Lyon: Presses Universitaires de Lyon.
LEAL DE MATOS, M. Vitalina (1999). *O Ensino da Literatura*. Lisboa: Ed. Cosmos.
NÓVOA, António (2003). *O Governo de si mesmo. Modernidade Pedagógica e Encenações disciplinares do aluno liceal (último quartel do século XIX – meados do século XX)*, Lisboa: Educa.
PEREIRA, Luísa A. & ALVES, Patrícia (2003). Litterature and Writing, an (im)possible dichotomy? Comunicação apresentada na 4th International Conference da *International Association for the improvement of Mother Tongue Education* (IAIMTE), Lisboa, Julho de 2003 (doc. policopiado).
PEREIRA, Luísa A. (2002). Leitura literária e ensino da língua escrita, notas para a construção de um dispositivo didáctico-pedagógico de fronteira. In M. Del Cármen Hoyos Ragel et al., *El reto de la lectura en el Siglo XXI, Actas del VI Congreso de La Sociedad de Didáctica de la Lengua y Literatura*. Granada: Grupo Editorial Universitario, pp. 221-231.
PERRENOUD, Philippe (1995). O *ofício do aluno e o trabalho escolar*. Porto: Porto Editora.
REIS, Carlos (1992). Reflexões genéricas sobre o estatuto da Didáctica da Literatura. *O Professor*, n.º 26, p. 44.
RODRIGUES, Angelina (2000). *O ensino da literatura no ensino secundário. Uma análise de manuais para-escolares*. Lisboa: ME/IIE.
ROSIER, Jean-Maurice, DUPONT, Didier, REUTER, Yves. (2000). *S'approprier le champ littéraire. Propositions pour travailler l'institution littéraire en classe de Français*. Bruxelas: De Boeck/Duculot.
ROUXEL, Annie (2003). Écriture d'invention: quelle place pour la subjectivité hier et aujourd'hui. *Enjeux*, 57, *Littérature et Écriture d'Invention*, pp. 25-38.
SENA, Jorge de (1989). Amor de Literatura. In Jorge de Sena, *Vinte e Sete Ensaios*, Lisboa: Círculo de Leitores.

O 'CONHECIMENTO SOBRE A LÍNGUA':
ALGUMAS REFLEXÕES

ANA CRISTINA MACÁRIO LOPES
Universidade de Coimbra

0. Começo por clarificar que as considerações que vou tecer são formuladas por um sujeito que ocupa um 'lugar' numa determinada conjuntura sócio-histórica, um sujeito cuja prática discursiva é inevitavelmente condicionada por filtros diversos – conhecimentos, sistemas de crenças, representações ideológicas e tábuas de valores. Sou linguista e a articulação entre linguística e ensino da língua materna tem mobilizado a minha atenção e parte da minha actividade profissional. Assumo, portanto, que não há práticas discursivas neutras, embora considere que há práticas discursivas com graus variáveis de ancoragem em reflexão teórica e empiricamente fundamentada[1].

Este trabalho tem a seguinte estrutura: num primeiro momento, procuro circunscrever o lugar da competência metalinguística (ou conhecimento sobre a língua) na disciplina de Língua Portuguesa, definindo o que entendo por competência metalinguística e aduzindo argumentos de natureza diversa para legitimar a sua inscrição de pleno direito no processo de ensino/aprendizagem da língua materna; num segundo momento, avanço algumas (breves) considerações sobre os recursos que me parecem indispensáveis para que o desenvolvimento desta competência possa acontecer em contexto pedagógico; seguidamente, proponho-me reflectir sobre o

---

[1] Retomo neste texto parte das reflexões já apresentadas no encontro "Ensino do Português para o século XXI", realizado na Faculdade de Letras da Universidade de Lisboa em 25 de Março de 2004. Os comentários sobre o novo programa de Língua Portuguesa do 10.º ano e sobre dois manuais para o mesmo ano de escolaridade, aleatoriamente escolhidos, são inteiramente novos.

modo como está perspectivado o módulo 'Funcionamento da língua' no novo programa do 10.º ano; por fim, analiso dois manuais do 10.º ano, já elaborados de acordo com o novo programa, atendendo, nomeadamente, ao grau de absorção dos conteúdos relacionados com o conhecimento da língua previstos no programa.

1. Antes de mais, gostaria de partir de uma delimitação largamente consensual sobre o objectivo central da disciplina de Língua Portuguesa (doravante, LP): promover o desenvolvimento da competência linguístico--comunicativa dos alunos. Ou seja, promover o desenvolvimento de subcompetências (conceito complexo que envolve atitudes, conhecimentos e capacidades) diversificadas relacionadas com a produção e compreensão de discursos orais e textos escritos. Desde já acrescento que as subcompetências a que me refiro são as que envolvem aprendizagem em contexto de ensino formal, não se confundindo com as competências primárias que o processo espontâneo de aquisição da língua materna envolve. Significa isto que encaro a disciplina de LP como espaço de ensino-aprendizagem dos géneros formais e públicos do oral[2], da expressão escrita e da leitura.

Mas para além deste objectivo nuclear, que provavelmente não gera grande polémica, pelo menos ao nível da sua enunciação genérica, julgo que a disciplina de LP deve promover também a competência metalinguística dos alunos. E é basicamente sobre esta questão que me vou pronunciar, partilhando convosco as minhas convicções acerca do lugar do conhecimento metalinguístico na disciplina de língua materna. Em primeiro lugar, urge clarificar o conceito. Na esteira de Gombert 1990, não restrinjo a competência metalinguística ao conhecimento reflectido, explícito e sistematizado sobre as entidades e regras formais do sistema linguístico, antes alargo o âmbito do conceito por forma a nele incluir também conhecimento de natureza metapragmática e metatextual. Dito de outro modo: promover a reflexão sobre a língua na aula de Língua Portuguesa (e vou centrar-me no ensino secundário) não significa trabalhar apenas os conteúdos tradicionalmente contemplados como núcleo duro/estruturante da gramática da língua – a morfologia e a sintaxe.[3] Julgo imprescindível incluir na reflexão metalinguística áreas até hoje bastante marginalizadas ou contempladas de forma fragmentada, dispersa e não estruturada,

---

[2] A expressão é de Perrenoud (1991).

[3] Penso, aliás, que o conhecimento reflexivo sobre estes módulos da gramática deverá estar adquirido no final da escolaridade obrigatória.

nomeadamente a semântica frásica e textual, área mal-amada e no entanto fulcral se pensarmos que a significação é o ponto de partida e o ponto de chegada de toda a actividade linguística. A Semântica aborda (i) questões relacionadas com o modo como representamos o mundo (ou um mundo possível) através da língua, descrevendo, graças à selecção de recursos pertencentes a um repertório bem organizado e sistemático, situações estáticas ou dinâmicas, protagonizadas por entidades dotadas ou não de agentividade; (ii) questões relacionadas com o modo como representamos, na língua e pela língua, essa realidade incontornável da condição humana que é o tempo; (iii) questões relacionadas com a expressão das atitudes (epistémicas, volitivas, apreciativas) dos falantes relativamente ao que dizem; (iv) questões relacionadas com a construção de nexos conceptuais entre diferentes fragmentos de um texto. O trabalho ao nível da componente semântica da língua permite uma interface permanente entre gramática e discurso e abre perspectivas interessantes ao nível da superação da dicotomia estrutura *vs.* uso, apontando para a pertinência de abordagens sistémico-funcionais do fenómeno linguístico.

Mas o âmbito da reflexão sobre a língua deve incluir também, na minha opinião, conhecimento reflexivo sobre questões/problemáticas que, por simplificação, normalmente se incluem no âmbito da linguística do uso/funcionamento do sistema (Fonseca 1994). Refiro-me, nomeadamente à questão da variação linguística – diatópica, diastrática e diafásica –, sendo de evidenciar a pertinência de uma reflexão centrada nas diferenças linguísticas entre registos informais e registos formais do português falado e do português escrito, por um lado, e entre o português-padrão e outros sociolectos e dialectos, por outro. Acrescento ainda, para finalizar esta listagem de conteúdos que, na minha opinião, devem integrar o conhecimento sobre a língua, que uma reflexão sistematizada sobre as características estruturais e funcionais de discursos/textos de natureza variada (orais e escritos), me parece crucial neste nível de ensino. Aqui incluo conhecimento declarativo sobre modelos textuais, mecanismos de construção da coerência semântico-referencial e pragmático-funcional dos textos, estratégias discursivas de argumentação e de indirecção.

Ao alargar o âmbito do que entendo por competência metalinguística (que inclui também, repito, uma competência metapragmática e metatextual), alargo concomitantemente o leque de argumentos que me vão permitir justificar a inclusão do desenvolvimento desta competência nos objectivos da disciplina. Em primeiro lugar, argumentos de natureza cognitiva: uma língua natural é um objecto suficientemente fascinante para merecer uma aprendizagem específica, tão legítima quanto as aprendizagens realizadas noutras disciplinas curriculares. Se a linguagem nos individualiza enquanto espécie e nos constrói como sujeitos, na medida em que nos permite conhecer, pensar, agir, argumentar e sentir, é incontornável a interpelação desafiante que ela nos lança como objecto de conhecimento. Também do ponto de vista cognitivo geral e de aplicação transversal se justifica a reflexão metalinguística, já que ela exercita processos mentais usados em qualquer área científica: observação de dados, detecção de regularidades, resolução de problemas, validação de hipóteses.

No plano dos argumentos de natureza social, sublinhe-se, num primeiro momento, o potencial desenvolvimento de atitudes de tolerância e não estigmatização que a consciencialização da variação linguística pode acarretar; num segundo momento, é minha convicção de que a reflexão deliberada sobre estratégias discursivas pode contribuir para desenvolver nos alunos uma atitude crítica relativamente aos usos sociais da linguagem. Julgo que o reconhecimento, por parte dos alunos, do modo como a linguagem pode subtilmente manipular, distorcer e 'naturalizar' visões do mundo é um requisito importante para o efectivo exercício de uma cidadania interventiva. Como afirma Carter, "The metaphor of seeing through [language] is important here for the aim is to take pupils beyond a stage where language is a transparent medium through which content is seen. A more lasting and generative capacity is provided if pupils recognise the ways in which grammar mediates points of view and encodes ideologies. Pupils are thus empowered to see through the ways language can be used to incapacitate, to distort or hide a true state of affairs, to subtly conceal rather than openly reveal. What can result is a critical language awareness of the relationship between language, ideology and social and cultural power – a relationship in which grammar plays a not insignificant part and for an awareness of which its study can be especially enabling" (1990:117).

Naturalmente, podemos ainda convocar um derradeiro e conhecido argumento, de natureza instrumental: a consciencialização dos padrões e das regras é certamente um instrumento relevante no plano do aperfeiçoamento dos usos da língua.

2. Até aqui, tentei clarificar o que entendo por competência metalinguística e justificar por que motivos me parece relevante incluir o desenvolvimento desta competência nos objectivos da disciplina. Proponho-me agora tecer algumas considerações sobre recursos indispensáveis para a consecução deste objectivo. Em primeiro lugar, nunca é demais repeti-lo, é necessário que os professores de português tenham uma preparação científica sólida no campo dos estudos linguísticos, a adquirir na formação inicial e a aprofundar na formação contínua.

Em segundo lugar, a existência de uma terminologia linguística unificada parece-me um requisito fulcral para que o trabalho de reflexão metalinguística possa ser desenvolvido com coerência ao longo de todo o percurso escolar do aluno. Uma terminologia que incorpore saberes conceptuais tendencialmente consensuais e estáveis na comunidade linguística, saberes não enfeudados a um quadro/paradigma teórico particular e que permita uma visão de conjunto sobre a estrutura e o funcionamento da língua, nos seus múltiplos usos. Um outro princípio importante para a eficácia de uma terminologia prende-se com a compatibilização entre a fundamentação científica rigorosa e actualizada e a necessidade de não perder de vista a sua natureza de texto pedagógico. Significa isto que os resultados da investigação linguística devem ser recontextualizados tendo em conta que é no campo pedagógico que ela se constitui prioritariamente como objecto. Note-se que há uma terminologia elaborada de acordo com esta filosofia de base por uma equipa alargada de linguistas e docentes de diversos graus de ensino e editada em 2002, em CD-ROM, pelo ME/DES, mas a indefinição do Ministério no que toca a uma política de educação linguística tem mantido esse instrumento de trabalho num limbo.

Nesta Terminologia, contemplam-se, como áreas novas de descrição linguística (novas relativamente às que estavam contempladas no Nomenclatura Gramatical Portuguesa de 1967), a Semântica Frásica, a Pragmática e a Linguística Textual. Para além disso, a Terminologia inclui termos e conceitos que alargam substancialmente o campo da reflexão sobre a língua, agrupados sob a designação genérica 'Língua, comunidade linguística, variação e mudança'. São justamente estas áreas que o novo programa de LP do 10.º ano convoca no módulo 'Funcionamento da língua'.

3. Vejamos então como é perspectivado o módulo 'Funcionamento da língua' no programa. Basicamente, é um argumento de natureza instrumental que o sustenta. Atente-se na formulação inserida nos *Objectivos* da disciplina de LP: "Proceder a uma reflexão linguística e a uma sistematização de conhecimentos sobre o funcionamento da língua, a sua gramática, o modo de estruturação de textos/discursos, com vista a uma utilização correcta e adequada dos modos de expressão linguística (pág. 7)."

E, mais adiante, a reflexão metalinguística é apresentada como "condição indispensável para o aperfeiçoamento do uso da língua" (pág. 24).

No ponto 2. – *Sugestões metodológicas gerais* – a abordagem do módulo 'Funcionamento da língua' (pág. 24 e ss.) é feita do seguinte modo: parte-se da noção de 'competência de comunicação', na qual se incluem as competências linguística, discursiva/textual, sociolinguística e estratégica[4], e em seguida discriminam-se os diferentes níveis nela envolvidos – nível semântico, pragmático, lexical, sintáctico e fonético. Nesta listagem, há imprecisões que resultam de uma truncagem do texto-fonte (Peres e Móia, 1995). Diz-se, por exemplo, que o nível pragmático é aquele "em que se seleccionam os tipos de acção verbal e se marcam as componentes do conteúdo informativo" (pág. 24). No texto-fonte, acrescenta-se "relativamente à sua relevância relativa (consoante são, por exemplo, informação dada ou informação nova", Peres e Móia, 1995: pág. 18). O facto de se ter retirado este segmento torna ininteligível a formulação oficial.

Seguidamente, afirma-se que se privilegia "a análise semântica e pragmática do discurso, fundada em conhecimentos explícitos sobre o funcionamento prosódico e morfossintáctico da língua" (pág. 25). Devemos então concluir que conhecimentos explícitos sobre o funcionamento semântico e pragmático da língua são despiciendos quando se analisa a construção de sentido nos discursos?

Outras imprecisões e faltas de rigor poderiam ser mencionadas, nomeadamente quando se afirma, na página 25, que "na expressão escrita, os alunos desenvolvem mecanismos que lhes permitem manipular eficazmente estruturas linguísticas, discursivas e semânticas que assegurem a continuidade temática e a progressão informativa de um texto, o que pressupõe uma reflexão e sistematização sobre os processos que garantem a coesão, a coerência e a adequação textuais." Infere-se que, para os autores do programa, as estruturas semânticas e discursivas não são estruturas lin-

---

[4] Não é claro o que se entende por competência estratégica, como já foi sublinhado no Parecer sobre o Projecto de Programa de 10.º ano do Ensino Secundário da Disciplina de Língua Portuguesa elaborado pelos docentes da área de Didáctica do Português-Língua, do Departamento de Linguística Geral e Românica da Faculdade de Letras de Lisboa: por um lado, parece coincidir com o saber processual que integra o domínio da competência de comunicação; por outro, engloba outros saberes relacionados com processos de pesquisa e organização de informação que, a meu ver, não se inscrevem nos objectivos específicos da área do português.

guísticas. O que serão, então? Formulações deste tipo revelam como subliminarmente há ainda um obstáculo epistemológico que separa a semântica das formas linguísticas e impede a integração do plano discursivo numa abordagem compreensiva, não redutora, do funcionamento da língua.

Um outro aspecto que gostaria de abordar prende-se com o uso dos termos coesão e conexão, no âmbito da explicitação do que se entende por organização textual (pág. 26). Qual é a diferença conceptual? Se se advoga o uso dos termos consagrados na Terminologia, seria aconselhável que os autores do Programa fossem os primeiros a dar o exemplo, até porque um programa é um instrumento regulador por excelência, que deve pautar-se pela clareza e pelo rigor.

Também no quadro consagrado aos *Processos de operacionalização das competências* (pág. 10)[5] se detecta (alguma) falta de precisão na formulação. Quando se fala, na secção intitulada 'Compreensão oral e escrita', em "Reconhecer os meios linguísticos utilizados na construção da coesão textual (referentes e conectores)", mistura-se um termo que designa um recurso linguístico – conectores – com um termo que designa as entidades do mundo simbolicamente representadas por determinadas expressões linguísticas. Ora na área consagrada à coesão textual, a Terminologia Linguística contempla, de forma razoavelmente abrangente, os diferentes mecanismos que contribuem para a sequencialização semântica do texto, interligando os diferentes enunciados que o compõem. Os conectores (conjunções e advérbios conectivos) são efectivamente recursos importantes neste sentido, bem como as cadeias de referência, em que diferentes expressões anafóricas (pronominais e nominais) são mobilizadas para garantir a identidade referencial ao longo do texto, factor importante ao nível da construção, por exemplo, de um tópico discursivo. Bastava, pois, recorrer à Terminologia disponível para integrar no programa, com rigor, os recursos básicos de coesão textual.

Também nas sequências de ensino-aprendizagem (cf. sequência 5, pág. 43) encontro incongruências, nomeadamente a inclusão da comunicação não verbal (linguagem icónica, plástica, musical e gestual) no módulo 'Funcionamento da língua'.

---

[5] Deixo de lado o facto de aí se contemplarem itens que aparecem já nos programas do ensino básico, nomeadamente: "Utilizar diferentes registos de língua consoante a situação", "Intervir oportunamente", "Relatar acontecimentos e episódios", "Descrever acções e objectos", "Exprimir e defender opiniões", "Respeitar a opinião alheia", "Trocar e confrontar opiniões".

Finda esta fase preliminar de comentários pontuais sobre inexactidões e/ou imprecisões conceptuais e terminológicas, importa agora recolocar a questão central: o que o programa defende, no que toca ao lugar do 'conhecimento sobre a língua' na aula de LP, parece ser, essencialmente, uma perspectiva funcional/instrumental. Sem menosprezar esta dimensão, até porque julgo, com Carter 1994 (pp. 247-8) e Hudson 1992 (pp. 184-5) que há de facto um efeito de retorno, recursivo e cíclico, entre conhecimento sobre a língua e desenvolvimento da mestria linguística ou aperfeiçoamento dos usos, penso, no entanto, que os argumentos que invoquei atrás legitimam o conhecimento em si.

No secção *Desenvolvimento do programa – Conteúdos* (pág. 32 e ss), o texto parece ser o elemento estruturante das aprendizagens e o eixo articulador das diferentes (sub)competências, o que me parece ser uma opção positiva e plena de potencialidades. O facto de o texto aparecer como núcleo estruturante poderia ter conduzido a um enquadramento distinto dos conteúdos metalinguísticos. Concretizemos um pouco esta ideia. O item 'valor semântico da estrutura frásica' pode e deve ser trabalhado integrado na análise semântica do texto. Como? Os textos envolvem normalmente uma sequência de frases, e os valores temporais e aspectuais dessas frases revelam-se instrumentos cruciais para a distinção entre sequências/protótipos textuais. A título de breve ilustração, menciono a exploração dos princípios gerais de selecção dos tempos nas sequências textuais narrativas e descritivas: a sequência temporal típica do texto narrativo constrói-se com base na selecção de determinados tempos verbais e de determinadas classes aspectuais de expressões predicativas. Ou seja, o que permite a representação dos eventos que se sucedem no eixo cronológico e configuram a história contada são recursos linguísticos/gramaticais, de natureza semântica. Já na construção de sequências descritivas, a selecção incide sobre outros tempos verbais e outras classes aspectuais. Assim, a representação de situações estáticas, associadas à descrição de entidades ou espaços, por exemplo, envolve a selecção de outros recursos gramaticais, também eles pertencentes à componente semântica da língua.

Estas observações tendem a evidenciar que é possível uma real articulação entre práticas de leitura e de escrita, centradas no texto, e reflexão sobre a língua, na sua dimensão semântica.

Um outro comentário acerca da listagem de conteúdos, desta feita acerca do item 'tipologia de actos ilocutórios'. A mera listagem pode induzir o risco de uma prática pedagógica centrada numa mera reprodução de rótulos, comum em estratégias de operacionalização que ignoram a distinção relevante entre aplicação e implicação da teorização linguística. Ora também este nível de descrição linguística pode ser produtivamente convocado na análise e na caracterização funcional de textos/discursos. Apenas um exemplo paradigmático[6]: a delimitação da especificidade do texto argumentativo envolve a detecção de uma constelação de asserções, com funções distintas. Sendo o objectivo central de uma argumentação a justificação ou refutação de uma opinião/tese, as asserções que configuram o texto (directas ou indirectas[7]) vão assumir a função de premissas ou de conclusões, ou numa outra formulação, de argumentos a favor ou contra uma determinada tese. No programa, o texto argumentativo aparece no 11.º ano (módulo 'Leitura', pág. 14) e no módulo 'Funcionamento da língua' do mesmo ano não há qualquer referência ao item 'coerência pragmático-funcional', que me parece crucial para o entendimento deste tipo de texto. Por outras palavras, não se desenha/promove uma articulação/um movimento de retorno entre o trabalho de leitura sobre um tipo de texto e um trabalho de natureza metalinguística sobre as suas características estruturais e funcionais.

Em síntese: eleger o texto como núcleo estruturante das aprendizagens pode conduzir a uma abordagem integrada dos conteúdos metalinguísticos, uma abordagem efectivamente potenciadora de uma reflexão sobre os recursos linguísticos mobilizados em função de diferentes actividades discursivas.

4. Percorri entretanto dois manuais do 10.º ano, para testar até que ponto os conteúdos previstos no Programa, no módulo 'Funcionamento da língua', tinham sido tomados em consideração[8]. Os graus de incorporação de tais conteúdos são substancialmente distintos nos dois manuais. Num deles, a estrutura global não é significativamente diferente da que existia antes da publicação do novo programa de LP. A tendência dominante

---

[6] Já sem falar do texto instrucional, onde a sucessão de actos ilocutórios directivos aparece como critério definitório óbvio. E não menciono este protótipo textual pelo simples facto de ele estar ausente do programa.

[7] É reconhecida a importância da pergunta retórica neste tipo de texto.

[8] A escolha dos manuais analisados foi aleatória. Não houve o propósito de fazer uma análise exaustiva do conjunto de manuais disponíveis, mas apenas de testar, por amostragem, a eventual 'recontextualização'do programa nestes instrumentos fortemente reguladores da actividade pedagógica. Seleccionámos, então, dois manuais de Língua Portuguesa, 10.º ano, a saber, E. Pinto et al., *Plural*, Lisboa, Lisboa Editora e J. Seixas e L. S. Loureiro, *Em todos os sentidos*, Porto, Porto Editora.

parece-me ser conduzir e fixar a leitura/interpretação do texto através de um questionário, sendo escassa ou nula a mobilização de um olhar sobre a língua no sentido de levar o aluno a tomar consciência do modo como se usa a língua nos textos para construir e comunicar sentidos e visões do mundo. A identificação de recursos estilísticos ou expressivos é uma constante, sendo ainda de referir a inclusão dos itens 'categorias da narrativa', 'versificação' e 'convenções poéticas' no módulo 'Funcionamento da língua', o que revela a dificuldade de situar componentes da área dos estudos literários na nova arquitectura do programa. Das novas áreas da Terminologia contempladas no programa, a única que aparece incorporada é a que diz respeito aos mecanismos de coesão textual, mais especificamente, os conectores. E mesmo aqui, detectei falhas, nomeadamente a inclusão, na classe dos conectores, de marcadores de modalidade epistémica (*provavelmente, talvez*), advérbios de lugar (*aí*), advérbios de exclusão (*só, apenas*) e preposições (*durante*)[9].

O segundo manual incorpora de forma mais expressiva e consistente algumas das novas áreas de reflexão sobre a língua contempladas na Terminologia e no programa (Comunidade linguística, variação e mudança, Pragmática e Linguística Textual). A Semântica frásica não aparece contemplada enquanto tal, embora nos conteúdos a explorar se mencionem itens como 'valores semânticos dos tempos e modos verbais', e na unidade dedicada ao conto se faça referência, num quadro que visa resumir as características linguísticas do texto narrativo, aos 'verbos que expressam estados, processos e acções'. Concluo que apenas se recupera da área da Semântica frásica aquilo que já é de algum modo reconhecido como fazendo parte das concepções e práticas dos professores. Neste segundo manual, a incorporação da Terminologia é, a meu ver, mais consistente, como acima afirmei, na medida em que não se assiste a uma mera listagem de conteúdos, sendo visível a intenção de articular conteúdos com actividades de escrita, leitura e sistematização. Apesar de notoriamente mais bem informado e rico do ponto de vista do espaço que nele ocupa o módulo 'Funcionamento da língua', nota-se, curiosamente, o mesmo tipo de imprecisões no que toca à explicitação dos conectores. Uma vez mais, marcadores de modalização dos enunciados e expressões adverbiais de localização espacial e temporal aparecem listados no quadro dos conectores textuais.

---

[9] Refiro-me a uma oficina de escrita proposta no manual, orientada para a operacionalização do item coesão textual.

Esta questão merece-me uma nota reflexiva, que vos deixo sob forma de interrogação: não deveria o Ministério submeter a uma comissão alargada e interdisciplinar (linguistas, professores de literatura e didactas) a supervisão destes instrumentos fulcrais da prática pedagógica, de modo e evitar imprecisões científicas e até sugestões de actividades que não promovem o efectivo crescimento linguístico e cognitivo dos alunos?

Termino reiterando a minha tese central: o conhecimento sobre a língua deve ser reconhecido e valorizado como competência a desenvolver no ensino-aprendizagem da língua materna. Daí que, repito, a formação científica sólida dos professores de português na área dos estudos linguísticos, quer ao nível da formação inicial, quer ao nível da formação contínua, me pareça um requisito indispensável. Uma prática pedagógica fundamentada tem de estar ancorada numa vertente teórico-reflexiva séria.

REFERÊNCIAS BIBLIOGRÁFICAS

CARTER, Ronald (1994). Knowledge about language in the curriculum. In Susan Brindley (ed.), *Teaching English*, London, Routledge, pp. 246-258.
—— (1990). The new grammar teaching. In Ronald Carter (ed.), *Knowledge about language and the curriculum*, London, Hodder & Stoughton, pp. 104-121.
CASTRO, Rui Vieira de (2000). De quem é esta gramática? Acerca do conhecimento gramatical escolar. In AA.VV., *Didáctica da língua e da literatura*, vol.1, Coimbra, Almedina, pp. 141-151.
—— (2003). Estudos linguísticos e ensino do português: conjunção, disjunção, rearticulação. In Ivo Castro e Inês Duarte (orgs.), *Razões e emoção. Miscelânea de estudos em homenagem a Maria Helena Mira Mateus*, Lisboa, Imprensa Nacional-Casa da Moeda, pp. 203-217.
DUARTE, Inês (2000). Ensino da língua materna: da repetição de modelos à intervenção educativa cientificamente fundamentada. In AA.VV., *Didáctica da língua e da literatura*, vol. 1, Coimbra, Almedina, pp. 47-61.
FONSECA, Fernanda Irene (2000). Da inseparabilidade entre o ensino da língua e da literatura. In AA.VV., *Didáctica da língua e da literatura*, vol. 1, Coimbra, Almedina, pp. 37-45.
GOMBERT, Jean Emile (1990). *Le développement métalinguistique*. Paris, PUF.
LOPES, Ana Cristina Macário (1999). A pragmática linguística e o ensino do português: algumas reflexões. In Cristina Mello *et al.* (orgs.), *I Jornadas Científico-Pedagógicas de Português*, Coimbra, Almedina, pp. 17-30.
PERRENOUD, Philippe (1991). Bouche cousue ou langue bien pendue. In Martine Wirthner *et al.* (orgs.), *Parole étouffée, parole libérée. Fondements et limites d'une pédagogie de l'oral*, Neuchâtel et Paris, Delachaux et Niestlé, pp. 15-40.

A CONSTRUÇÃO ESCOLAR DA DISCIPLINA DE PORTUGUÊS:
RECRIAÇÃO E RESISTÊNCIA

M.ª DE LOURDES DIONÍSIO, LUZIA BASTOS,
ANA PAULA PASSOS E JORGE PIMENTA
Universidade do Minho

1. Reformas curriculares, programas escolares e práticas pedagógicas

A criação e, depois, a entrada em vigor, no ano lectivo de 2003-2004, da nova disciplina de Português do Ensino Secundário, vêm concretizar de forma mais explícita, no plano do discurso pedagógico oficial, a viragem, já anunciada com os programas de 1991 para o mesmo ciclo e com as posteriores actualizações, designadamente a de 1997, no entendimento dos objectos e objectivos cometidos à área do Português. Pela polémica gerada à volta, primeiro, da criação e, depois, dos conteúdos desta nova disciplina, ficou publicamente conhecida a orientação de tal viragem, genericamente: privilégio da dimensão comunicativa e do desenvolvimento de competências no âmbito do oral e do escrito, e a par disso, a redefinição do papel da literatura, agora explicitamente ao serviço do desenvolvimento de capacidades de leitura (cf. Castro, neste volume, e Castro, 2004).

A complexa relação entre o discurso pedagógico oficial e as práticas da sala de aula, bem assim como a distinta capacidade de regulação de diversos dispositivos discursivos (programas ou manuais escolares, por exemplo), não permitem que se afira o que efectivamente se ensina e aprende na aula apenas por recurso a tais dispositivos. Com efeito, entre o que os programas estabelecem, os manuais propõem e o que é uma disciplina em sala de aula não existem, apenas e necessariamente, coincidências. Tal como os manuais constroem um espaço de autonomia que usam "à revelia" do programa oficial (cf. Neves, 1992; Dionísio, 2000), também a escola, nos seus vários lugares de decisão – Conselho Pedagógico, departamentos disciplinares, grupos de estágio, entre outros menos colectivos –, usa os programas, por muito reguladores que eles se apresentem, procedendo quer ao preenchimento dos seus espaços "vazios" quer a recortes nos vários níveis da sua estruturação. A "operacionalização" do programa não é mais, assim, do que um conjunto de operações de exclusão e ênfase, tanto ao nível dos objectivos como, sobretudo, dos conteúdos e formas de os ensinar.

Neste processo, actuam de forma decisiva experiências, convicções, valores partilhados e identitários dos sujeitos que, mais ou menos colectivamente, instanciam o que pode ser tomado como *a* tradição (ou "tradição selectiva", nas palavras de Williams, 1989, pág. 58), a qual, cimentando sentidos e práticas, estrutura o presente e lastra o futuro. Em certo sentido, e ao contrário das suas finalidades (em última instância, mudar um estado de coisas), um novo programa dificilmente constituirá uma ruptura, devendo antes ver-se como um contributo de sentidos que serão incorporados na "versão de cultura" que o precedia. Na medida em que esse novo programa pode ser visto como um juízo negativo sobre um estado de coisas que o antecedia (o programa destituído), a sua imposição não decorrerá sem as tensões próprias da resistência de um qualquer Discurso à crítica interna (cf. Gee, 1996). A este propósito, veja-se como autores de um manual de Português entendem as Reformas Curriculares (neste caso, concretamente, a de 1991): "Sabemos que uma reforma não parte do nada, não é apenas uma ruptura total com o passado [...] Por isso, procurámos inovar sem molestar o que de bom se tenha feito em prol da Língua e Cultura Portuguesas" (citado em Dionísio, 2000, p. 216). Lealdades para com uma determinada versão histórica de um campo intelectual (uma disciplina) e, em parte, também, a distância que a concretização do currículo sempre manteve com mudanças disciplinares e paradigmáticas mais ou menos "radicais" (cf. Luke, 2004) explicarão, até certo ponto, as polémicas geradas à volta do novo programa de Português; mas podem explicar, particularmente, a persistência na escola das dimensões de um programa que mais facilmente podem ser manipuladas pelos professores: os conteúdos e as práticas da sua transmissão.

É neste quadro de referência que a discussão do que é a disciplina de Português, no actual sistema curricular do Ensino Secundário, ganha em considerar o processo de apropriação do novo programa, pelas diferentes instâncias escolares de decisão, concretamente ao nível das diversas práticas discursivas produzidas para a planificação do ensino. Tal análise permitirá captar instantes de um processo e aceder àquilo, algumas vezes apenas indícios, que é verdadeiramente a disciplina escolar para a grande maioria dos cidadãos, sobretudo no seu momento terminal – a aula.

Por tudo isto, compreender como é recebido e entendido o novo programa da disciplina de Português, no 10.º ano de escolaridade, no primeiro ano da sua vigência, e identificar os lugares de "recriação" (e resistência) do discurso oficial são objectivos centrais desta análise do discurso pedagógico gerado *na* e *pela* escola.

2. A apropriação do programa de Português: Um estudo no Ensino Secundário

Na escola, são de diferente natureza e tomam formas diversificadas os produtos discursivos que resultam da apropriação do programa. Registos de discussões e deliberações mais ou menos institucionais, actas, planificações de alcance distinto são susceptíveis de dar resposta, no caso concreto da entrada em vigor do novo programa de Português para o Ensino Secundário, a perguntas como: que dimensões do programa são valorizadas? O que é seleccionado como relevante e digno de trabalho com os alunos? Que ressignificação é feita de conceitos previstos no documento oficial? Como é que os professores lidam com as "novidades"? No quadro de forte regulação que os programas estabelecem, há algum espaço para o desvio e para a variação? Qual a orientação e qual o significado dessa variação?

Estas são algumas das perguntas que orientaram o estudo que agora se apresenta, o qual incidiu sobre três objectos distintos: i) "Planificações anuais" de seis escolas secundárias do distrito de Braga e de Viana do Castelo; ii) "Planos" de 230 aulas, correspondendo ao trabalho dos professores de oito núcleos de estágio; iii) nove "Relatórios" elaborados em escolas secundárias como resposta ao Ofício-circular 63/03, de 16 de Dezembro de 2003, emanado do Ministério da Educação, solicitando "um ponto de situação, por disciplina, sobre a aplicação dos novos programas"[1].

---

[1] Todos estes documentos foram recolhidos no final do primeiro período do ano lectivo de 2003-2004, nas seguintes escolas secundárias: Barcelos; Barroselas; Caldas das

Com esta selecção de objectos, particularmente dos dois primeiros tipos, não estamos a afirmar que o que se planifica, tanto anualmente como para cada aula, possa ser tomado como espelho do que nas aulas efectivamente acontece. Reconhecemos que, muito especialmente na aula de Português, em parte também pela natureza dos textos que a caracterizam e dos objectivos para a sua leitura, há espaços para o *em lado nenhum dito*; ainda assim, o facto de a actividade de planificação configurar sempre uma selecção (quanto aos textos a usar ou ao tipo de tarefa a ser realizada na aula, por exemplo) permite que se tomem os "planos" como documentos que, de forma mais ou menos transparente, revelam o recorte de objectivos, conteúdos, textos, actividades, pondo em evidência as diferentes formas de relação dos sujeitos com tais dimensões programáticas. Neste sentido, estes documentos podem ser tomados como *polaroids* do exercício da função docente, a partir dos quais, através da localização das continuidades e descontinuidades que se estabelecem entre programas e práticas, é possível: a um nível mais particular, a tipificação do que se pode pensar serem "áreas críticas" dos programas (isto é, as "menos reconhecidas" pelos professores) e a identificação de eventuais lugares do dissenso; a um nível mais geral, a identificação e a caracterização dos modos de apropriação do discurso oficial pela escola e pelos professores.

Não se pretende, assim, com este estudo, uma avaliação nem das "planificações anuais" nem dos "planos de aula" enquanto instrumentos de docência[2]. A possibilidade de identificar áreas críticas, por exemplo, decorre da observação da sistematicidade de presenças ou de ausências, as quais poderão ser mais ou menos reveladoras do conforto ou desconforto por parte dos professores face a uma dimensão particular da disciplina.

Com estes princípios, os documentos foram analisados em várias dimensões da sua estruturação, segundo categorias abrangentes e consideradas mais adequadas à sua especificidade. No caso das "Planificações anuais", que permitem uma visão global da gestão do programa, operou--se em dois níveis de concretização, considerando-se, como primeiro

---

Taipas; Caldas de Vizela; Monserrate (Viana do Castelo); Vila Verde; Alberto Sampaio; Carlos Amarante; D. Diogo de Sousa; D. Luís de Castro; D.ª Maria II; Maximinos (estas seis últimas de Braga). Na maioria, estas escolas colaboram com a Universidade do Minho, acolhendo núcleos de estágio.

[2] Também por isto, as escolas serão identificadas por letras atribuídas aleatoriamente, sempre que se citar algum dos documentos analisados.

movimento analítico, o "grau de proximidade" face ao programa e, de seguida, as operações de selecção sobre ele efectuadas, especificamente, ao nível dos conteúdos e dos textos. Relativamente aos 230 "planos de aulas", a análise incidiu sobre: i) os textos escolhidos; ii) os domínios verbais considerados (leitura, escrita, oralidade, funcionamento da língua); e iii) a natureza dos conteúdos a trabalhar. A análise dos "Relatórios-resposta" à circular do Ministério, porque permitem, por um lado, compreender a posição dos professores face ao novo programa e, por outro lado, reforçar a informação recolhida anteriormente, teve em conta: i) a referência explícita a dimensões dos programas – conteúdos, estratégias, avaliação, etc. – a par da menção a aspectos problemáticos para a sua operacionalização; ii) a natureza e a orientação dos juízos formulados.

3. A disciplina de Português em acção...

3.1. Para a escola: as "planificações anuais"

A forma como as "Planificações anuais" se relacionam com o Programa permitiu agrupá-las de forma desigual quanto ao seu grau de proximidade com aquele documento, o que aponta, imediatamente, para a variedade de possibilidades que os professores encontram para a recontextualização do discurso pedagógico oficial. Verifica-se aqui, portanto, a existência de diferentes graus na regulação exercida pelo Programa que, de certa forma, a este nível, é ultrapassado pelos novos manuais escolares, apesar de estes, como é aliás verificável noutros momentos[3], se apresentarem muito próximos das disposições oficiais. Mesmo assim, nesta oscilação maior proximidade/maior distância em relação ao Programa, entre estas planificações encontra-se um grupo maioritário que elege orientações que concretizam um efectivo afastamento do discurso oficial. No conjunto, podem identificar-se desde situações de compromisso entre a organização do manual e a do programa – por exemplo, distribuindo ao longo dos três períodos lectivos as sequências previstas nos programas

---

[3] São vários os estudos que dão conta de como os manuais editados aquando da imposição de um novo programa o seguem de perto nos vários níveis da sua organização e do seu conteúdo. Veja-se, a este propósito, por exemplo, Goodman, Shannon, Freeman & Murphy (1988) e Dionísio (2000).

(não necessariamente na ordem prescrita), interpoladas por referências às unidades em que se organizam os manuais; até casos que, do Programa, apenas aproveitam os tipos de texto e alguns conteúdos do funcionamento da língua, distribuindo-os, sob a forma de lista, ao longo das aulas previstas. Exibindo um forte grau de autonomia, mesmo face aos princípios pedagógico-didácticos estruturadores do Programa, há ainda as planificações que elegem o texto literário como núcleo estruturador de grandes blocos temáticos para o trabalho anual, dele fazendo derivar todas as actividades com os outros tipos de texto sugeridos oficialmente. Nesta última situação assume-se um modelo em *Matrioshka*, onde

> *o texto literário dialoga, sistematicamente, com vários registos. Esta actualização sistemática concretiza-se, neste caso, através deste **intertexto** estabelecido com os textos aqui situados na periferia, que gravitam em torno daqueles três cernes [Contos, 1.º período; Poesia do séc. XX, 2.º período; Poesia lírica de Camões, 3.º período]. Gera-se, assim, um desdobramento constante de um texto **matri**cial em vários outros textos [e o] uso de três tipologias textuais nucleares que implicam outros registos na sua abordagem. Inerentes a este processo estão os textos do domínio transaccional e o Funcionamento da língua* (Planificação anual, 10.º ano de escolaridade, grupo de estágio da Esc. B)[4].

Em algumas destas planificações, o processo de selecção traduz-se fundamentalmente por exclusão. Esta operação é visível, sobretudo, ao nível dos conteúdos, com os do domínio do Funcionamento da Língua a sofrerem um recorte, desaparecendo, nestes casos, o item "Língua, comunidade linguística, variação e mudança". Tendem também a ser apagados os conteúdos programáticos relativos à compreensão e expressão oral bem assim como os previstos para a escrita, estes escassissimamente representados.

Nesta variação entre planificações, um factor há que a todas aproxima: a inclusão de conteúdos "declarativos" que, relativamente a outras dimensões dos programas (por exemplo, competências visadas, estratégias ou mesmo modalidades de avaliação...), merecem sempre um lugar de destaque, sejam eles relativos à informação textual e literária seja ao fun-

---

[4] Esta planificação, da responsabilidade do grupo de estágio, é um caso particularmente interessante do ponto de vista da relação entre a escola e o programa oficial, na medida em que o grupo de estágio organiza uma planificação anual radicalmente distinta da que é partilhada pelos restantes professores de Português.

cionamento da língua. A forma da sua apresentação é, regularmente, próxima da dos seguintes exemplos:

- ...
- *Nível prosódico*
- *Estruturas lexicais (campos lexical e semântico)*
- *Texto (continuidade; progressão; coesão; coerência)*
- *Protótipos textuais*
- *Paratextos*
- *Morfologia e classes de palavras*
- *Sintaxe: estruturas das combinações livres de palavras; funções sintácticas; ordem de palavras; figuras de sintaxe*
- ...

(Planificação anual, Esc. C)

...
Domínio de aprendizagem:
O Conto
Contextualização histórica do termo.
Conceito e estrutura.
Tipologia do conto.
As categorias da narrativa.
...

(Planificação anual, Esc. B)

Os factos identificados neste momento da análise parecem ser suficientemente explícitos quanto à actuação deste primeiro filtro a partir do qual se inicia o processo escolar de reconstituição/reposição dos limites e possibilidades da disciplina, no quadro do aparecimento de condições que, de certa forma, "desestabilizaram" o domínio. A este propósito, a exclusão do conteúdo "variação e mudança linguística" ou a centralidade que aqui é dada ao literário são exemplares.

3.2. Para a sala de aula: os "planos" dos professores

A especificidade do contexto turma/sala de aula põe em funcionamento a "última fase do processo de recontextualização pedagógica", na medida em que os "saberes escolares" já recortados nas outras instâncias, nomeadamente nas "Planificações anuais", são, agora, refocados e particularizados em função dos sujeitos concretos que intervêm no processo de transmissão e aquisição: professores e alunos. Os 230 "planos de aula" analisados configuram tal processo e, independentemente de serem produzidos no quadro de uma planificação anual mais ou menos vinculada ao documento programático oficial, exibem, em graus e dimensões variáveis, os traços de "mais uma" interpretação do programa.

Quanto aos "Textos seleccionados" para estas aulas (primeiro nível de análise considerado), verificou-se a presença sistemática – ocorre sempre – do texto literário, mesmo na concretização de "sequências de aprendizagem" que oficialmente o não previam, como era o caso das sequências subordinadas aos textos utilitários (no programa designados como "textos transaccionais").

Em certo sentido, nestes casos concretos, o destaque conferido ao texto literário constitui, indubitavelmente, o grande lugar de resistência ao discurso oficial, sustentada esta, certamente, pela polémica gerada à volta do programa, mas onde o manual escolar jogará também um papel decisivo. Lembremo-nos que, já com anteriores programas, os manuais de Português tendiam a elidir o trabalho com outros textos, fosse pelas escassas páginas a eles concedidas, fosse pelas poucas actividades para eles sugeridas, em contraste com a diversidade e quantidade de propostas para os textos literários, assim transformados em "textos ricos" (cf. Dionísio, 2000). Esta opção não deixa de revelar a preferência que corrobora e, eventualmente, contribui para reforçar a representação construída na tradição de que não há aula de Português sem texto literário, que não se ensina língua sem o que se entende ser o lugar de realização da sua "plenitude".

Efeito de autonomização dos professores face às disposições programáticas, traduzida numa reinterpretação dos conteúdos gerais da planificação anual, o texto literário apresenta-se, aqui, em posição de abertura da aula, como texto nuclear, isto é, como aquele de onde derivam todas as actividades. Dado os formatos que exibem – desde cartas (de amor, de Fernando Pessoa), a uma declaração de Carlos de Oliveira (de *Uma Abelha na Chuva*), ao *Diário* de Miguel Torga, passando por poemas ou textos narrativos (por exemplo, de Carlos Drummond de Andrade, de Ruy Belo, de autores estrangeiros contemporâneos) – um factor parece presidir, contudo, à sua selecção: todos se vinculam, seja pela sua forma seja pela presença de um ou outro facto textual, ao "texto utilitário" programado como "conteúdo" a leccionar naquele momento escolar[5].

---

[5] Como se disse atrás, estes documentos foram produzidos durante o primeiro período a que, em termos do programa, correspondem as sequências relativas aos textos "transaccionais", "auto-retratos, diários, textos autobiográficos".

Nestas circunstâncias, para o texto "transaccional" programado – requerimento, declaração, contrato, por exemplo – que coexiste, na mesma aula, com o texto literário, está reservada uma função complementar, servindo recorrentemente para aplicação das características estruturais anteriormente identificadas no texto nuclear ou a propósito dele mobilizadas pelo professor.

As distintas funções pedagógicas atribuídas aos dois grupos de textos – "literários" e "não-literários" – prefiguram também um entendimento de leitura e dos objectos adequados para a realizar, em continuidade com práticas consolidadas no ensino do Português, particularmente no ensino secundário. Com efeito, na larga maioria destes planos de aula, só para os textos "literários" se reserva a actividade designada como leitura, acrescentada ou não de especificações como: *interpretação, análise, discussão*. No trabalho com os textos "não-literários", aplicam-se conhecimentos adquiridos, verificam-se características estruturais, preenchem-se espaços. Mas, curiosamente, aparecendo aqui o texto literário desvinculado da imposição de um qualquer conteúdo programático (seja a sua inserção histórica ou genológica, sejam as suas particularidades linguístico-literárias), podendo a sua leitura ser, agora, mais descomprometida e próxima de uma discussão de sentidos, dando corpo a uma actividade que mais do que *aprender* literatura seria *ler* literatura, a verdade é que, nos documentos analisados, o trabalho sobre tais textos acaba por ser conduzido, depois da sua paráfrase, no sentido do levantamento de macro-categorias textuais, valorizando uma só das suas múltiplas dimensões: a da materialidade estrutural e a da organização dos elementos textuais; veja-se a seguinte enumeração das actividades de um dos "planos de aula" analisados:

- *Depois de finalizada a leitura oral do texto [Declaração retirada da obra* Uma Abelha na Chuva, *de Carlos de Oliveira], os alunos, orientados pela professora, procedem à interpretação do mesmo. Nesta altura, os discentes são levados a reflectir sobre o significado de alguns vocábulos que nele surgem.*

- *É feita, então, uma contraposição entre a última fala do Calvin no cartoon (anteriormente) comentado ("Já ninguém assume a responsabilidade pelas suas acções") e a declaração analisada. Os alunos devem concluir que o Calvin está errado e que há ainda quem se preocupe em assumir a responsabilidade pelas suas acções.*

- *Neste momento, e uma vez já analisado o texto, a docente pede aos alunos que sintetizem algumas das características da declaração [...] É esperado também que os alunos, a partir da declaração analisada, sejam capazes de reconhecer a estrutura de uma declaração: identificação do declarante; identificação da pessoa que solicita a declaração; finalidade da mesma; data e assinatura do declarante. As opiniões dos alunos são registadas no quadro, à medida que são proferidas.*

• *A atenção dos discentes é agora remetida para uma das características da declaração em específico: o uso de verbos...* (Plano de aula n.º 100).

Pelas actividades subsequentes, este privilégio dado à identificação da forma de organização e distribuição dos elementos do texto (por exemplo, o lugar da data, no caso de uma página de um diário, ou a posição da fórmula de abertura numa carta) permite compreender a sua finalidade: a de trazer ao de cima categorias para serem aplicadas na produção de um outro texto com as mesmas características: uma carta, uma reclamação, etc.

Mesmo no quadro de alguma desvinculação do programa, a actividade de leitura configurada aparece, afinal, subsidiária também, tal como no anterior regime programático, do *conhecimento sobre* e orientada tendo em vista a posterior produção escrita, não se lendo *para* e *por se ler*, mas sobretudo *para se vir a escrever*. A especificidade da leitura literária, sempre convocada também pelos seus potenciais cognitivos e de desenvolvimento de sensibilidades, dilui-se assim no "uso do texto" (nas palavras de Magda Soares (2003), "na desadequada escolarização da literatura"). A única distinção visível entre textos da literatura e textos utilitários reside no facto de aqueles terem sido produzidos por um autor de reconhecido nome, dando origem, na aula, eventualmente, a um momento informativo sobre o autor e a obra, o que, no entanto, nestes "planos" analisados, não aparece sequer explicitado.

Se o domínio da leitura, assim planificado como actividade de identificação e tipificação de características formais, ocupa o lugar central destas aulas, para a escrita ficam reservados os tradicionais espaços de fim de lição, ou mesmo extra-lição, em movimentos que são quase exclusivamente de aplicação de conhecimentos anteriormente adquiridos, de reprodução de modelos:

3.º momento: O professor relembra as marcas da carta com os alunos e a disposição gráfica a respeitar (já do conhecimento dos alunos). Os alunos procedem à redacção da carta com a auto-correcção simultânea (e a do professor, se necessário) (Plano de aula, n.º 32).

Só excepcionalmente a escrita aparece para ser ensinada na sua dimensão processual, isto é, prevendo a existência de um momento de planificação e de revisão, mas mesmo assim dentro do quadro estrito definido pelo plano. Nestes casos, a formulação apresenta-se muito próxima das contidas nos manuais, o que sugere que aí tenham encontrado inspiração, como no seguinte exemplo correspondente ao passo final de uma aula dedicada ao tipo de texto "auto-retrato":

Oficina de escrita:
  – escrita criativa: redacção de um auto-retrato de uma celebridade da música portuguesa ou estrangeira, em trabalho de grupo;

  1.º momento: divisão da turma em sete grupos de quatro elementos e distribuição de um mapa conceptual a cada grupo, o qual servirá de apoio para um trabalho de planificação que visa a redacção do auto-retrato [...]
(Plano de aula n.º 45)

Do mesmo modo, o oral, na dupla perspectiva de recepção e de produção, apenas ocorre enquanto meio de comunicação entre professores e alunos, instituindo-se o questionário sobre os textos como lugar para a sua prática e aprimoramento. A referência ao desenvolvimento do oral ocorre, de facto, no espaço reservado aos objectivos das actividades da aula, a maior parte das vezes, em citação do programa: *Desenvolver os processos linguísticos, cognitivos e metacognitivos necessários à operacionalização de cada uma das competências de compreensão e produção nas modalidades oral e escrita* (Plano de aula, n.º 15) ou *Expressar-se oralmente com coerência* (Plano de aula, n.º 120).

Em síntese, se a selecção dos textos nucleares destas aulas de Português é o lugar do desvio generalizado relativamente aos programas e até mesmo às "planificações anuais", a forma como essas aulas estão estruturadas caracteriza-se pela homogeneidade, reproduzindo um modelo que tem atravessado todos os tempos e ciclos: texto, questionário sobre o texto, informação linguística, escrita. A natureza progressivamente mais reguladora e prescritiva dos programas curriculares da disciplina, no sentido da criação de espaços específicos para o treino das diferentes modalidades de produção e recepção do verbal, parece não ter, aqui, o efeito oficialmente desejado.

Dadas as regularidades observadas, com poucos casos em que se criam espaços para leituras de natureza mais dialogante com a literatura, desvalorizando em certa medida o conteúdo subordinante, pode concluir-se que o condicionamento do trabalho com os textos por um qualquer conteúdo declarativo tende a afectar a forma como aqueles são dados a ler. Desde logo porque é evidente que tais textos literários são seleccionados por causa de tal conteúdo, com todas as consequências para a forma como vão ser "lidos" na aula.

Esta valorização dos saberes declarativos, enquanto finalidade da aula, é dominante, estando os saberes de natureza processual, quando referidos, subsumidos em estratégias pedagógicas para realização de produtos, concretizando-se em instruções de actividades e de avaliação do produzido.

Como hipótese explicativa para a aparente dificuldade em contemplar os "conteúdos processuais", não podemos deixar de pensar na indefinição que resulta da consulta do programa da disciplina relativamente a este tipo de "conteúdos". Aí, o que em lista aparece como conteúdo processual ocorre depois como fase ou passo de actividades, "devendo ser objecto de leccionação" (Programa de Língua Portuguesa, 10.º, 11.º e 12.º anos, 2002).

Não podendo ser conclusiva a análise agora efectuada sobre o recorte feito ao nível dos conteúdos tanto de âmbito da gramática textual como do funcionamento da língua, é para já visível também alguma variação nas opções individuais. Sendo recorrentes os conteúdos relativos, por exemplo, aos "protótipos textuais", são em número reduzido os casos em que se considera a totalidade dos itens do funcionamento da língua previstos nas primeiras sequências dos programas, mesmo nos casos em que tal organização se adoptou. Estão quase sistematicamente ausentes as "formas de tratamento" (conteúdo apresentado no Programa para a Sequência de Ensino-Aprendizagem n.º 1) ou, relativamente à "interacção discursiva", os "actos ilocutórios" e "princípios reguladores" dessa interacção (conteúdos da Sequência n.º 2), embora previstos para este momento escolar nas "planificações anuais".

Tais opções e as características gerais destes "planos de aula" serão o reflexo de alguns dos problemas sentidos pelos professores, referidos nos Relatórios resposta à Circular do Ministério, cuja análise se apresenta a seguir.

3.3. Em tempo de balanço: os "relatórios"

Solicitados pelo Ministério da Educação, os "relatórios" a que tivemos acesso distinguem-se, genericamente, quanto às opções para a sua apresentação. No entanto, sejam eles mais gerais ou mais concretos, mais dependentes dos tópicos sugeridos pelo Ministério ou mais contextualizados e desenvolvidos, um aspecto há que os assemelha: a indicação de factores que dificultam o desenvolvimento pleno do programa.

Se nem todos informam sobre as opções quanto ao modo como, naquela escola, se apropriaram do programa (ordem dada às sequências, por exemplo), nestes nove documentos, os autores referem-se, em uníssono, aos mesmos constrangimentos relativamente à leccionação de alguns conteúdos oficialmente prescritos; a saber: *o número insuficiente de aulas, a dimensão das turmas, as características e competências em déficit dos alunos, a falta de condições materiais e recursos didácticos das escolas...*

Para a fundamentação destes argumentos, todos os relatórios convocam características do Programa, que afirmam ser *ambicioso, extenso, ter demasiados conteúdos* (num dos relatórios pode mesmo ler-se que *alguns conteúdos não serão leccionados* – Rel. Esc. H), *exigir demasiado esforço de professores e alunos,* ser *desgastante* (Rels. Escs. A e E); juízos que, no entanto, nem sempre correspondem a uma apreciação globalmente negativa.

Neste conjunto de factores problemáticos – à excepção de um caso em que se releva a *falta de formação dos professores no âmbito da terminologia linguística e para a operacionalização das competências* (Rel. Esc. E) –, é de destacar o facto de não ser a natureza dos conteúdos (por exemplo, a sua maior ou menor complexidade, a sua opacidade, o seu desajustamento, a sua propriedade), que coloca problemas aos professores. Com efeito, no discurso dos relatórios, as diferentes dimensões dos programas (objectivos, conteúdos, estratégias, avaliação) não parecem constituir dificuldade. É neste aparente contexto de exequibilidade que se isolam, pela impossibilidade dela, a escrita e a oralidade nas suas vertentes processuais e sempre ao nível da sua avaliação. Isto é, tanto o domínio do oral como o do escrito são referidos para notar as *poucas condições materiais e temporais para um acompanhamento e avaliação sistemáticos* (Rels. Escs. D, B, H), tal como o programa prevê. Num caso, chega-se a referir, pela negativa, *a exigência de uma multiplicidade de grelhas de avaliação, pouco exequível financeiramente* (Rel. Esc. I); noutro, refere-se que *a extensão impede a prática de oralidade e de escrita* e a *escassez de tempo para a avaliação destas competências* (Rel. Esc. B); de forma mais peremptória, num outro lê-se que *o trabalho prático (oficina de escrita e actividades do oral) foi posto de lado* (Rel. Esc. H).

O programaticamente previsto para a leitura não parece ser causa de problemas, uma vez que nenhum relatório menciona, a propósito, dificuldades. Relativamente ao "contrato de leitura", só dois "relatórios" se lhe referem como actividade já posta em prática e no destaque das experiências vividas no 1.º período.

O apoio do manual, que é referido em dois casos – *a boa escolha do manual tem ajudado a ultrapassar as primeiras dificuldades* (Rel. Esc. A); *a planificação foi feita segundo o manual* (Rel. Esc. D) – como estando a facilitar a execução do programa, poderá explicar a quase exclusiva referência nestes documentos a aspectos de "gestão", permitindo também reforçar que, nesta instância, os professores encontram o esclarecimento para as eventuais dúvidas geradas com o teor e âmbito de conteúdos e/ou modalidades de trabalho, os quais, pela sua novidade e alguma ambiguidade no discurso do programa, poderiam provocar estranheza e/ou desconforto.

Para além deste enfoque nos problemas sentidos na concretização do Programa, é também comum a todos os relatórios analisados a expressão de juízos sobre a sua natureza e orientação geral. É nesta apreciação que, no entanto, não é consensual, que se entra em aspectos mais particulares. Assim, as opiniões dos professores destas nove escolas distribuem-se, em número quase igual, por dois grupos distintos. Embora os aspectos não sejam necessariamente os mesmos, um grupo de cinco escolas manifesta uma opinião genericamente favorável, relevando-se, aí, e nas suas próprias palavras, *a adequação dos objectivos à realidade dos alunos, a atenção ao funcionamento da língua*, a *diversidade de textos, a contemplação da vertente pragmática, a promoção de valores, o incentivo à leitura*. Neste grupo, o programa é caracterizado como *aliciante, benéfico – As alterações do programa são benéficas para o desenvolvimento das competências comunicativas dos alunos* (Rel. Esc. D) –, *interessante, ajustado ...*

No grupo em que é visível uma opinião globalmente desfavorável, destaca-se: *a falta de mestres da literatura que permitem a reflexão sobre a dimensão humana;* o *pouco espaço dado à estética e à cultura das sensibilidades* (Rel. Esc. F); *a redundância de alguns conteúdos face ao ciclo anterior* (Rel. Esc. G); *o pouco espaço dado à literatura ... o desaparecimento da diacronia* e *a perda da cultura ... não haver uma só peça de Gil Vicente, tão do agrado dos alunos ... desadequado o lugar dos Lusíadas no 12.° ano* (Rel. Esc. C); *a pouca profundidade onde faltam autores e correntes literárias, tornando os conteúdos vagos, dependentes em exclusivo dos referentes textuais* (Rel. Esc. I). Algumas das escolas deste grupo mitigam, no entanto, o seu juízo negativo com o reconhecimento da importância da *contemplação da vertente pragmática, da estimulação da competência oral e de escrita* (Rel. Esc. B).

Como se depreende, a tensão é sobretudo visível ao nível dos textos legítimos para a disciplina de língua. Neste âmbito, é interessante notar que, mesmo no grupo globalmente favorável ao programa, a opinião face aos textos utilitários não é homogénea. Uma escola faz notar que *o trabalho com os textos transaccionais foi muito desmotivador para os alunos, uma vez que estes textos já tinham sido dados em anos anteriores* (Rel. Esc. D); enquanto que noutra se destaca precisamente o contrário: *Foi uma experiência boa, com uma reacção positiva dos alunos. O programa teve uma boa aceitação por parte dos alunos que se viu nos resultados. Nota-se a satisfação dos professores* (Rel. Esc. A).

Consubstanciam, estes dois grupos, distintos posicionamentos ideológicos dos profissionais face ao novo programa. De facto, apesar de, na maioria dos casos, tal posicionamento apenas se pressentir a partir dos juízos mais ou menos favoráveis, optando os professores por não pôr em causa os fundamentos científico-pedagógicos do discurso oficial, adoptando-se, implicitamente, a atitude que num dos relatórios é afirmada – a do *respeito pela filosofia subjacente* (Rel. Esc. G) –, em dois relatórios, os professores aproveitam este espaço para afirmarem as suas convicções quanto ao que deve ser ensinar Português, mesmo quanto às competências visadas pela disciplina de Português: *os professores estão seguros que é mais fácil promover a competência comunicativa com o estudo das obras dos maiores da literatura do que ensinando-lhes fórmulas secas* (Rel. Esc. C); *o estudo que promove é disperso, múltiplo, pouco profundo... os conteúdos são vagos* (Esc. I). Com esta atitude, tais professores deixam bem clara a sua recusa, facto que, sem margem para dúvidas, terá reflexos nas suas opções pedagógicas para a sala de aula.

Pelos aspectos por todos apontados, percebem-se alguns dos lugares problemáticos deste novo programa, especificamente, o da transformação da aula de Português em lugar de aprendizagem de processos verbais e a (consequente) abertura da aula a outros textos que não os literários. Não colocando, aparentemente, a leitura nenhum problema, o que nestes documentos fica conformado é a dificuldade de a aula de Português ser outra coisa para além daquilo que atrás se viu com os "planos de aula": *texto, questionário sobre o texto, informação linguística, redacção*.

Para além de tudo isto, a opção generalizada por não questionar, nesta propícia ocasião, os fundamentos didácticos do programa, optando antes por dar conta dos aspectos condicionantes da sua gestão, pode prenunciar uma avaliação, por parte dos professores, de que esses fundamentos podem ser por si reorientados e, neste sentido, significar a crença em alguma incapacidade de regulação do discurso pedagógico oficial quando se trata das práticas da sala de aula.

Conclusão

Em síntese, é um quadro de alguma diversidade dos graus de proximidade ao programa aquele que emerge da análise conduzida sobre os documentos produzidos pelos professores, nas diferentes instâncias que tomámos como objecto neste estudo: as "Planificações anuais de escola", os "Planos de aula", os "Relatórios/balanço" no final do primeiro período. Nesta variação, que confirma a não total especularidade entre programas e práticas, que visibiliza a capacidade agentiva dos professores e a acção de factores mais ou menos contextuais a agirem como dispositivos de recontextualização do programa, é possível identificar algumas tendências vincadas, embora elas devam ser consideradas tendo em conta as limitações inerentes ao momento de recolha dos documentos.

Algumas dessas tendências são relativas aos sentidos e lugares do *desvio* ao programa. Um desses sentidos é, sem dúvida, o da inclusão do não previsto, que ocorre sobretudo quanto mais próximo se está da sala de aula. De facto, é particularmente nos "planos de aula" que este processo de inclusão é observável e, nestes casos, quase consensualmente, pela ocorrência do texto literário em sequências oficialmente pensadas para o não-literário. Esta resistência individual à exclusão do texto literário da aula de Português, mesmo que temporariamente, acaba por encontrar eco, depois, no colectivo de professores, quando em grupo manifestam, mais ou menos veementemente, a sua discordância face a um programa que não lhe dá o relevo desejável. O segundo sentido do desvio é o da exclusão. Sendo um movimento menos homogéneo que o anterior, sobretudo pela diversidade dos objectos excluídos, deve ainda assim ser relevado, particularmente pelo facto de esta operação ocorrer logo "à entrada da escola": é nas "Planificações anuais" que são "apagados" conteúdos, tanto do funcionamento da língua como os designados "processuais". Neste último caso, o apagamento acontece seja ao nível da mera referência (são escassos os casos em que a expressão "conteúdos processuais" ocorre nos 245 documentos analisados), seja ao nível da expressão da sua (não) concretização, nos "Planos de aula". Aqui, assiste-se a um verdadeiro processo de ressignificação, na medida em que aquilo que nesses "planos" aparece como conteúdo processual não coincide, parcial ou totalmente, com o previsto e pressuposto no programa.

Por fim, uma última tendência que, consistindo também numa espécie de desvio, é colectivamente partilhada e assumida: a instituição da leitura de textos e dos conteúdos declarativos como núcleo estruturador da disciplina, deslocando-se para lugares periféricos o trabalho no âmbito de outros domínios verbais; sem dúvida, numa certa contiguidade com (ou por causa de) os manuais escolares, cuja análise tem revelado a restrição dos objectos da disciplina de Português ao seu núcleo primordial: *leitura* e *gramática* e, na sequência, a redução dos seus objectivos: *para bem escrever* (cf. Dionísio, 2000). Tal como na maioria dos manuais, também nestes documentos organizadores do ensino, escrever aparece sempre em momento final e para ser realizado sobretudo pelo aluno individualmente. Embora no Programa se diga, sobre a "oficina de escrita", que esta prática deve interagir com as outras competências nucleares, o entendimento que os professores disto fizeram parece ter ficado limitado à reprodução da concepção tradicional, continuando a manter-se o formato corrente para a grande maioria das aulas, nas quais, se não houver tempo para produzir um texto, este passará para trabalho de casa.

Esta tendência para a conservação do núcleo secular da disciplina, concretizada nas "planificações anuais", onde só os textos a ler e os conteúdos declarativos, mormente os de gramática, se destacavam, nos "planos de aula", que lhes dão expressão central e nos "Relatórios", onde são sobretudo os textos a merecer referência, evidenciará a natureza e dimensão dos processos de apropriação de um programa que elege múltiplos e distintos objectos, objectivos, conteúdos e estratégias. Apesar de este programa "prefigurar uma intenção de regulação forte sobre o campo profissional" (ver Castro, 2004), a aula de Português continua a estruturar-se, fundamentalmente, à volta daqueles dois aspectos, juntando-se agora, mais explicitamente, os conhecimentos estruturais sobre os diferentes tipos de textos aos conhecimentos sobre o funcionamento da língua. O que colectivamente se partilha é, portanto, uma representação, certamente ao longo dos tempos construída, do que é uma aula de Português, independentemente da natureza dos conteúdos que progressivamente se lhe vão acrescentando e retirando.

Face ao que é comum e que, em muito, é desvio ao programa, uma conclusão parece ser possível: a de que a aula de Português pode ser aquilo que os professores quiserem que seja, como a história tem mostrado, ao longo da vigência de muitos programas, embora, neste caso, dentro dos limites que a "cultura escolar" estabelece.

Ora, como a história tem também mostrado, é na forma como os professores se posicionam, mais ou menos agentivamente, enquanto profissionais, face a todos os dispositivos de controlo da sua profissão, e face ao que é educar, que se joga a maior ou menor possibilidade de mudança.

REFERÊNCIAS BIBLIOGRÁFICAS

Castro, Rui V. de (2004). A Área de Português no Ensino Secundário. Processos Contemporâneos de Reconfiguração. Lição de Síntese das Provas de Agregação em Metodologia da Educação, Braga: Instituto de Educação, Universidade do Minho (manuscrito policopiado).

Dionísio, M. Lourdes (2000). *A Construção Escolar de Comunidades de Leitores. Leituras do Manual de Português*. Coimbra: Almedina.

Gee, James Paul (1996). *Social Linguistics and Literacies: Ideology in Discourses*, 2nd ed. New York: Falmer Press.

Goodman, Kenneth; Shannon, Patrick; Freeman, Yvonne S. & Murphy, Sharon (1988). *Report Card on Basal Readers*. New York: Richard C. Owen Publishers, Inc.

Luke, Allan (2004). At last. The trouble with English. *Research in the Teaching of English*, Vol. 39, number 1, pp. 85-95.

Neves, Isabel P. (1992). Contributos para uma análise sociológica dos livros de texto. In Ana Maria Morais, *Socialização Primária e Prática Pedagógica*, Vol. I. Lisboa: Fundação Calouste Gulbenkian.

Soares, Magda (2003). A escolarização da literatura infantil e juvenil. In Aracy Alves M. Evangelista, Heliana M.ª B. Brandão & M.ª Zélia V. Machado (orgs.), *A Escolarização da Leitura Literária. O Jogo do Livro Infantil e Juvenil*. Belo Horizonte: Autêntica, pp. 17-48.

Williams, Raymond (1989). Hegemony and the selective tradition. In Suzanne de Castell, Allan Luke & Carmen Luke, eds., *Language, Authority and Criticism. Readings on the school textbook*. London/NY/Philadelphia: Falmer Press, pp. 56-60.